表現する認知科学

日本認知科学会 ‖監修‖ 「認知科学のススメ」シリーズ

5

Invitation
to
Cognitive Science

渡邊淳司 著　内村直之 ファシリテータ

新曜社

「認知科学のススメ」シリーズの刊行にあたって

　人間や動物は，どのように外界の情報を処理し，適切に反応しているのでしょうか？　認知科学は，このような関心から，動物も含めた人間の知能や，人工知能システムなどの知的システムの性質や処理メカニズムを理解しようとする学問です。人間や動物のさまざまな現象にかかわるため，認知科学は，心理学，進化学，情報科学（とくに人工知能），ロボティクス，言語学，文化人類学，神経科学・脳科学，身体運動科学，哲学などの幅広い分野の研究者が集まって作られました。そのため認知科学は，これらの諸分野を横断する学際的な学問分野となっています。

　認知科学はこのように幅広い領域にわたるため，数学，物理，歴史などの伝統的な分野と比べて，体系化することは容易ではありません。そのためもあってか，私たち自身について知るための基本的な学問であるにもかかわらず，これまで中学校や高校の教育の中で教えられることはありませんでした。しかし学問の存在を知らなければ，その道へ進もうと志す人もなかなか現れません。このことは，社会にとって残念なことです。

　そこで，これから大学で本格的に学問に取り組む若い方々やこの分野に関心をもつ一般の社会人の方々に，この分野でどのようなことが研究されており，どのような面白い成果が得られているのかを知っていただくために，日本認知科学会は「認知科学のススメ」シリーズを刊行することにいたしました。

　国内のほとんどの学術書は，研究者自身がテーマに沿って研究を紹介するという執筆形式をとっています。一部の書籍，とくにアメリカの書籍では，研究者の代わりにサイエンスライターが執筆しているも

のもありますが，まだ数は少ないと言えます。本シリーズでは，研究者とサイエンスライターが協同して書くという，これまでにない執筆スタイルをとっていることが，大きな特徴の1つです。全10巻の刊行が予定されており，いずれの巻においても，サイエンスライターは高度な内容を誤りなく，かつわかりやすく読者に伝えるよう，ファシリテート（facilitate）する役目を担っています。そこで本シリーズでは，サイエンスライターを「ファシリテータ」と呼んでいます。全巻にわたるこの役を，書籍のみならず，新聞や雑誌等で科学に関する記事をこれまで多く執筆されてきた内村直之氏に，お引き受けいただきました。

　本シリーズは，別掲のシリーズ構成をご覧いただくとおわかりのように，内容のうえでも，新しい執筆スタイルに負けない斬新で興味深いタイトルを揃えていると自負しています。これらの本を手に取った高校生や大学生のみなさんの中から，認知科学という学問分野を目指す方が現れることを期待してやみません。それと同時に，これまで認知科学という学問分野に馴染みのなかった多くの社会人の方が，認知科学に興味をもってくださることを切に願っています。

　　　2015年9月10日

編集委員
植田一博
今井むつみ
川合伸幸
嶋田総太郎
橋田浩一

全10巻シリーズ構成

まえがき

　本書「表現する認知科学」は，錯視を使って絵を描いたり，耳を引く音楽を作曲するためのノウハウ本ではありません。また，芸術作品を認知科学的に分析した芸術鑑賞ガイドでもありません。「人間とは何なのだろう？」という認知科学の根源的な問いからスタートして，その問いを自分事として感じられる展示やワークショップ，自分事の最たるものである触覚や身体感覚に関するデザイン，さらには，身体や意識下の働きを活かした創作の方法論について，著者が実際に行ってきたことや考えてきたことをお伝えする，認知科学的な人間観に基づいた表現に関する実践集です。

　認知科学とは，人間の心の働きの本質（構造，機能，発達）を科学的な方法論によって明らかにする学問分野です。一般的には，実験を通してデータを取得し，統計的な処理を行うことで，多くの人に当てはまる心の性質を理解しようとします。一方で，私は認知科学や情報通信技術の研究に取り組みながらも，科学館や美術館で人間の認知をテーマにした展示やワークショップを行ってきました。そこの場では「人の心の働きには○○の法則がある」という人間一般にあてはまる "答え" を提供するのではなく，「それぞれの人の心の働き」を自分自身で発見するための "問い" を提供することを目指しています。つまり，本書で述べられることは，多くの人に当てはまる法則というよりは，個人個人で異なる感じ方の特性や身体の性質を体験的に理解し，表現するための方法論だといえます。本書の構成は，第 1 章で認知と表現について本書の視点を導入し，以下のように第 2 章から第 4 章までは，実際に著者が行ってきた取り組みを事例とともに述べていきます。

第2章では，自分自身の認知特性を実感を持って理解する「自分の感覚や身体の自分事化」について紹介します。たとえば，日常生活において目や手は絶え間なく動き様々な情報を探索していますが，自身でそのことに気がつくことはほとんどありません。しかし，その目の動きや手の動きを利用した情報提示の手法があったらどうでしょうか。その手法の原理を考えるときには，否が応でも自分の目や手の動きそのものが意識されるでしょう。また，自分の身体が自分の意思と関係なく動いたとしたら，どのように感じられるでしょうか。それは少なくとも，身体を動かすということがどのようなことなのか，もう一度問いかける体験となるでしょう。このように私たちの日常生活では，自分のことについて，あまりにも当たり前すぎて，気が付かなくなっていることがいくつもあります。本章では，それをもう一度体験しなおし実感するための，テクノロジーを使った展示やワークショップについて紹介したいと思います。

　第3章では，自分事の最たるものである触覚や身体感覚を通じて，他者へ情報を伝達しコミュニケーションを行うための「触／身体感覚のデザイン」について紹介します。私たち人間は，基本的に，自分の認知している世界を完全な形で別の人と共有することはできません。視覚や聴覚は，環境にある物体を共有することで意思疎通することができますが，痛みのような身体感覚を他人と共有することは不可能です。触覚や身体感覚をそもそもどうやって他の人に伝えるのか，その表現の方法論は視覚や聴覚ほど確立されておらず，これから体系化がなされていく分野です。そして，私たちが何かを認知することと伝えることではまったく別の方法論が必要です。感じることができたとしても，その伝え方を知らなければ他の人には伝わりませんし，伝え方を知っていても，それを実現するデバイスが存在しなければ社会の中で広まることはありません。そこで本章では，実際の社会の中で触覚や身体感覚を通じて他者と関わり合い，コミュニケーションしていくための情報デザインや，情報技術の設計について紹介します。

　第4章では，身体や意識下の反応を感じ，それと協働しながら想像力や創造力をひらく創作的行為について述べます。身体や意識下の反応は，自分の一部でありながら，自分と異なる原理で行動／思考する“もっとも身近な他人”であり，それとコミュニケーションするためには，外国語を学ぶように，身体や意識下の反応についてひとつひとつ理解し，実践していくことが必要です。私たちは，普段の生活においても，快不快といった身体からの声や，どきどきする，しっくりくる，ときめくといった意識下の情動的な反応を感じています。だとするならば，すべてを意識によって制御しようとするのではなく，身体の反応や意識下の働きに耳を傾けながら協働することで，新しい創作的な行為が可能になるのではないでしょうか。本章では，私個人がこれまで取り組んできた具体的な方法論について紹介します。

　最後に，やや長いあとがきとして，私がこのような活動に取り組む動機や価値観について簡単に振り返ります。本書で紹介する様々な試みは，自分のことを理解したり，自分や他者との関係性を更新し，新しいものを生み出すためのきっかけを提供するものです。このような営みは，研究者だけが行う特別なものではなく，誰もが日常において取り組むものであり，そのために認知科学は一つの重要な視点を提供しているのです。あとがきでは，認知科学の懐の深さやその学問の社会との関わりをお伝えできればと思います。

目　次

装幀＝荒川伸生

1章 「認知」と「表現」

　「認知」や「表現」という言葉は様々な使われ方をしますが，まず初めに，本書で前提としている「認知」と「表現」についてその意味や背景を共有してから，具体的な内容に入りたいと思います。本書での「認知」とは，一人の人間がどのように環境を知覚，分類し，意味づけているのか，その過程やあり方を指します。特に「認知世界」と言うときには，「人間にはこのような性質がある」という人間一般の性質ではなく，「ある一人の人間（もしくは動物）がこのような見方で環境を認知している」という，生物それぞれが，異なるやり方で環境を認知し，行動していることを強調するために使用することとします。また，本書における「表現」とは，何らかの認知や意味を別の人間に生じさせるための「身体の反応や動き，またはそのために創られた物体のパターン」とします。ここでは「作者の意図を作品として表す」といった一般的な「表現」よりも広い意味で使用しており，芸術家はもちろんのこと，誰もが行う日常の営みの一つとして捉えています。以下，それぞれについて述べていきます。

認知は閉じている

　はじめに，図 1-1 を見てみましょう。生物学者ヤーコプ・フォン・ユクスキュル（Jakob von Uexküll，1864 〜 1944）が，人間と蜂の認知世界の違いについて，そのイメージをイラストで紹介したものです。生物は身体や感覚・運動器官の特徴に基づいた認知世界の中で行動していて，ユクスキュルはそれを「環世界（ドイツ語原文では "Umwelt"）」

という概念で表しました。同じ環境にいたとしても，生物によって異なる環世界に生きているということです。たとえば，人間の環世界において，色は物体の細かな違いを表すものであり，色の違いは環世界の対象を分類する重要な手掛かりとなります。一方，蜂の眼は紫外線にも感度があるため，紫外線を反射する花の蜜の部分は花びらと区別され，さらに蜜は蜂の生存にとって重要なものであるため，そこが強調されたかたちで蜂の環世界は構成されます。

図 1-1　環世界のイメージ図
（左：人間の環世界，右：蜂の環世界）：『生物から見た世界』（文献［1］）より作成

　ここでは，人間と蜂の違いを取り上げましたが，あらゆる動物は同じ環境にいたとしても，それぞれ異なる環世界のなかで，自分なりの意味を見つけながら生きています。当然，人間も人間なりの身体的制約，認知特性，行動様式に基づいて，環世界の中で生きています。そして，同じ人間（ヒト）という種であったとしても，個人個人で身体の特性が異なれば環世界も異なります。視覚に障がいを持つ人にとっては，音や触感に関する情報が環世界の大部分を占めている一方で，晴眼者は，その行動のための情報の多くは視覚からであり，その環世

界では視覚情報が大きな役割を果たしているでしょう。そして，それ
ぞれの環世界は静的なものではなく，認知・行動していくなかで動的
に変化していくものです。また，言語が異なれば，どんな概念を持つ
か，環境をどんな基準で分類するかなど，環世界における切り口が異
なるでしょう。さらに，近年は，インターネットをはじめとする，個
人の情報環境の違いによって，それぞれ異なる情報的な環世界に生き
ているということが議論されています（文献［2］）。

　環世界（＝私たちの認知世界）の大きな特徴は，その「環」という
言葉にあるように，「閉じている」ということにあります。「閉じてい
る」ということが意味するのは，自分にしか感じられず，それがどの
ようなものであるのか，他者とまったく同じものを共有することがで
きないというだけでなく，認知世界が「わたし」の一人称的体験であ
り，そもそも認知世界がどのように構成されているのか，それ自体を
疑ったり意識的になることさえも難しいということです。

　実際，日常を振り返ってみても，私たちがどうやって環境を認知し
ているのか，そのことを意識することはほとんどありません。「私は
どうやって，目の前の本を読んでいるのか？」そんなことを考えながら，
本を読むことはないでしょう。ただし，ときおり，いつもと違う非日
常的な出来事が起きたときには，自身の認知世界のあり方を再認識す
ることがあります。たとえば，身体の感覚について，風邪をひいたと
きや痺れて動けなくなったときには，普段意識しない自分の身体の重
さや形を感じることがあります。同じように，自分の認知のあり方も，
環境や他者との関わり合いのなかで現れる非日常的な体験によって再
認識することがあります。本書第2章で紹介するような自分の身体や
感覚を通じた新しい体験は，自分の認知世界のあり方をより深く理解
することにつながるでしょう。

表現は情報を生み出す

　次に「表現」について考えてみたいと思います。本章冒頭で「表現」とは何らかの認知や意味を別の人間に生じさせるための「身体の反応や動き，またはそのために創られた物体のパターン」であると述べました。そう考えると，私たちは普段の生活の多くの場面で「表現」を行っている，と言うことができます。たとえば，何かを見て笑顔になることも周囲の人々へ「私は楽しい」という心的状態を表現したものですし，声に出す言葉や，紙に書かれる文字は私たちが日常生活の中で行っている表現の典型例と言えるでしょう。

　また本書では，「表現」とは「何かを伝える」ためではなく，他者に「何らかの認知や意味を生じさせる」ためのものとしています。先ほど述べた環世界という言葉にあるように，私たちの認知世界を完全な形で他者と共有することはできません。認知という営みは閉じており，同じ「赤いバラの花」を見ていたとしても，私の見ている「赤」とあなたの見ている「赤」が同じかどうかはわかりません。特に，痛みのような身体で感じる感覚は他者と共有することが不可能です。つまり，閉じた認知世界を前提としたときには，何かを伝えるということではなく，相手の認知世界に何かを生じさせる，ということが重要になるのです。言い換えると，他者にとっての「情報」を生み出すことこそが表現だということです。

　ここで「情報」という言葉を使いましたが，重要な概念であるので，簡単に「情報」について説明します。『基礎情報学』（文献 [3]）によると，情報の定義は大きく分けて二つあります（表1-1）。一つは，ハードディスクなどで○○ギガバイトと表現される 0 と 1 のパターンで表現される記号としての情報です。01 によって表現される対象によらない機械が扱う情報。国家機密の入った 10 メガバイトのドキュメントも 10 メガバイトの家族の写真も，その価値によらず同じ情報量となります。

表 1-1　情報の分類

情報の種類	伝達するもの	伝達可能性	受け手
機械が扱う記号	記号伝達	同じものを伝達できる	受け手によらない
生命にとっての意味	意味伝達	同じものを伝達できない	受け手による

そして，そのパターンは同じものを伝達することができます。

　もう一つの情報の定義は，生命にとって違い（意味）を生み出すものを情報とする定義です。その特徴をよく表した言葉として，文化人類学者グレゴリー・ベイトソン（Gregory Bateson, 1904 ～ 1980）は，情報を「差異を生み出す差異」（Information is the difference that makes a difference.）と定義しています（文献 [4]）。同じ 10 メガバイトでも，国家機密と家族写真では，受け手によって全く価値の異なる情報となります。また，あるものが情報かどうかは受け手によって変わります。人間にとって紫外線のパターンは情報ではありませんが，蜂にとっては情報となります。「情報」は，機械の記号としての情報と，生命が価値を見出すパターンとしての情報があるわけです。もちろん，本書で述べている，表現によって生み出される情報は，後者である生命にとっての価値を表しています。

　表現とは，他者や別の生物に「情報」を生み出す行為であると言えます。何かを伝えるのではなく，他者にとって意味を生じさせる行為や物体のパターンを作り出すことこそが表現であるということです。そして，その特徴が顕著に表れるのは，自分以外の人にそのまま伝えることのできない触覚や身体感覚を扱うときです。実際，私はこれまで，触覚や身体感覚の伝達や，コミュニケーション，エンタテインメントについての研究を行ってきましたが，このときに実感したことが，触覚や身体感覚のコミュニケーションにおいては，何かを伝えようとするのではなく，相手にとっての意味を生じさせる，つまりは「情報」を生み出す表現の方法論（文献 [5]）が重要だということです。本書

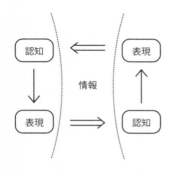

図 1-2 本書における認知と表現の関係

第3章では，その実例や認知的・技術的背景について紹介します。

そして，認知と表現には深いつながりがあります。ある個人のなかでは，どのように環境を認知するかに基づいて表現がなされますし，他者の表現が認知されて，その人の中でまた表現となって現れていきます。図 1-2 のような情報を介したループが認知と表現の間にはあり，その関係性が本書に通底するテーマであります。

意識的な過程と意識下の過程

ここまで「認知」と「表現」について述べてきました。認知は閉じており，身体的制約や特性，さらには何に価値を置くかによって，その生物の環世界は異なるものになります。ここで認知についてもう少し細かく見てみると，人間の認知には大きく分けて二つの過程が関係しています（文献 [6]）。一つは「これは何で，どういうものである」と言語的に分析する意識的な過程であり，もう一つは，直感的で情動的な反応を示す意識下の過程です。これら二つの過程は，ある程度独立して機能しています。たとえば，私たちは，特に意識していなくとも意識下の反応として，自身が興味あるものには瞳孔を開き，緊張すれば手に汗を握り，恐怖するものを前にすれば冷や汗が出ます。また，山の中を歩いていて，突然目の前に熊が現れたとすると，それが熊だと意識的に認知される前に，その価値（危険）が意識下で感知されて身体が逃げ始めるということもあるでしょう。それだけでなく，多数の選択肢の中から適切な選択をするという意思決定の場においても，

選択肢に対して半自動的に抱く快・不快，好き・嫌いといった意識下の反応が選択肢にあらかじめ優先づけを行い，判断に効率性をもたらすと言われています（文献 [7]）。

　表現においても意識的な過程と意識下の過程は深い関係があります。表現は，他者にとっての情報を生み出す行為と述べましたが，情報は，何を伝えるか（What）に関する記号としての内容だけではなく，何によってどのように伝えられるか（How）に関することも重要です。図 1-3 のように，情報を物質的に構成する物体は「メディア（媒体）」と呼ばれます。たとえば，手紙においては文字が記号で紙がメディアになります。同じ文章が書かれていても，それがどんな紙（メディア）に書かれているかで，その手紙全体から受ける印象が異なることがあります。これは，文字を通して言語的に意識的な過程に働きかけるだけでなく，紙の素材感などそのメディアの物質的な性質が意識下の過程へも働きかけ，表現がなされているということです。話し言葉においても，何を話すかという意識的な内容だけでなく，常に意識されるわけではない話のスピード，声色，抑揚などによって，その話の印象は大きく変化します。このようなメディアの特徴を，英文学者・哲学者マーシャル・マクルーハン（Marshall McLuhan, 1911 〜 1980）は「メディアはメッセージである」と述べていますが（文献 [8]），これは私たちの日常経験に反するものではないでしょう。つまり，表現は意識的な過程と意識下の過程を協働させながら行うことが重要であり，その実践や実例について本書第 4 章にて紹介します。

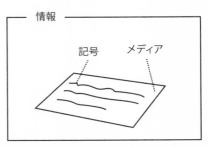

図 1-3　情報における記号とメディア

本書の簡単なまとめ

　人間それぞれの認知世界は閉じており，他者と完全には分かりあうことはできず，さらに，それに自身で気が付くことも難しいという前提から議論を始めています。本書では，自身の認知のあり方に気がつくにはテクノロジーによる新しい体験やそれに対する感受性が必要であり（2章），他者と関わり新しい意味を生み出すには触覚や身体感覚に基づいた今までにない表現が重要である（3章），ということを具体例を挙げながら述べていきます。さらに，もっとも身近な他人としての意識下と協働することで，より想像的・創造的になるための方法論（4章）を紹介します。

テクノロジーによる自分の感覚や身体の自分事化

　本章では，自分で認知世界のあり方に気がつくためのテクノロジーとその新しい体験について述べてゆきます。人間は科学技術によって，宇宙や海の底へ到達するだけでなく，瞬時に遠隔地とつながることもできるようになりました。また，病気や事故で生じた身体の機能不全を補うような技術も開発されています。これまでのテクノロジーは，人間の生存範囲を拡大し問題解決を行うための重要な手段でした。一方で，これからの科学技術は，私たちの心に新たな広がりや深みをもたらすためにも使用されていくでしょう。ここでは，そのような技術と人間の新たな関係性について，特に人間の認知と情報提示技術について，実際に科学館や美術館で展示を行ったプロジェクトを紹介していきたいと思います。

認知世界を知るために

　私たちは，自分の身体や認知の仕組みについてどれほど知っているでしょうか。日常，気にすることの多くは，目の前の景色，聴こえてくる環境の音，触れているものの触り心地，他人の様子など，自分の外部の情報ばかりです。しかし，ときおり，身体の機能不全など特別な体験があると，自身の身体や認知について意識を向けることがあります。前述のように，風邪をひいたときや手足が痺れて動けなくなったとき，自分の身体の重さや形を実感することがあるでしょう。このような体験は自分の「身体」やその仕組みを改めて感じさせるものであるといえます。

9

私が小学校低学年のころ，自身の身体について実感する印象的な体験がありました。公園で遊んでいるときに，高い場所から落ちて頭を打ったのです。そのときは気を失ってしまったのだと思いますが，助けられ，次に気がついたら家にいました。そして，起きて鏡を見ると，額の一部から何か白いものが見えていたのです。自分の頭蓋骨が見えたような気がしました（しかし，その白いものが本当に骨であったか今となっては確かめようもありません）。そのときに思ったことは「本当に，自分の頭には骨があったのか！」というなんともあたり前のことでした。しかし，そのことにとてもショックを受けました。自分の身体は骨によって支えられているという，教科書に載っている事実が，事故を通してはじめて実感できた気がしました。日常，理科室で見かける骸骨模型が，自分の頭の中にもあるというのは何やら不思議な感覚でした。そして次に，学校の理科室で骸骨模型を見ると，これまでとはまったく違うリアリティを持ったものに見えたのです。

　このエピソードでは，たまたま，自分の頭の骨（らしき白いもの）を見るという体験が，自分の身体に意識を向けるきっかけとなりました。しかしながら，普段「自分」に意識を向けることは少ないですし，自分にとってあたりまえの基本的なものであればあるほど気にかけることは難しくなります。では，それらに意識を向けるには，どうすればよいのでしょうか。自分について知るために，いちいち事故にあっていたら身体が持ちません。

　一つの可能性は，テクノロジーを利用することです。私はこれまで人間の認知特性を利用した情報提示技術の研究を行い，それらを科学館や美術館で展示公開してきました。そこで感じたことは，技術がもたらす新しい体験は，体験者の世界の見方や自己の捉え方を変えるきっかけになりえるということでした。後ほど詳細に紹介しますが，人間の認知特性を利用した情報提示技術は，その認知の体験自体が，自分がどうやって環境と関わりを持っているのかをもう一度意識させるものなのです。以下，具体的に三つのプロジェクトを紹介します。

眼が動いてはじめて見えるもの

　はじめのプロジェクトは「サッカード（Saccade）」と呼ばれる眼球の動きを利用した視覚情報提示手法に関するものです。まず，人間の眼球の構造や機能について簡単に説明します。人間の眼球の構造は，図 2-1 のようになっていて，環境から眼に入る光はカメラの絞りの役割を果たす瞳孔（どうこう）を通り，さらにレンズの役割を果たす水晶体を通って，網膜に像を結びます。特に網膜の中心部分である中心窩（ちゅうしんか）には「錐体」と呼ばれる光に反応する細胞が多数あります。そのため，環境の光の情報を高解像度で得るためには，できるだけ網膜の中心で見たい対象からの光を捉える必要があり，人間は見たいものに向かって眼球を回転させることになります。この眼球運動が「サッカード」と呼ばれ，一秒に数回の頻度で行われます。一回の動きにかかる時間は 0.1 秒以下で，非常に高速な動きです。

　紹介するプロジェクトでは，サッカード・ベイスド・ディスプレイ（Saccade-based Display 以下，SD）と呼ぶ視覚情報提示手法（文献 [9]）を利用しており，SD は観察者のサッカードに合わせて網膜上に一つの意味ある像を描き出し，普段意識に上らない眼球運動中の知覚像を

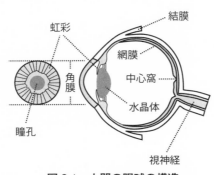

図 2-1　人間の眼球の構造

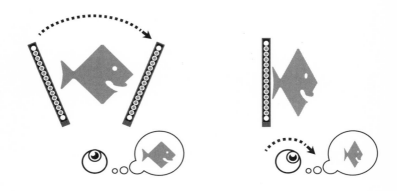

**図 2-2　（左）光源を動かして二次元情報を提示，（右）眼球の動き
によって二次元情報を提示するサッカード・ベイスド・ディスプレイ**

目の前に浮かび上がらせます。SD の原理について簡単に説明してい
きましょう。まず図 2-2（左）にあるような，一次元の光点列を物理
的に高速移動させて，二次元の視覚像を提示する装置をご存じでしょ
うか。この装置の原理は，提示したい二次元イメージの各部分を端か
ら一列ずつ，光源の移動に合わせて高速に光らせることで，それらが
知覚的に統合されて一つの二次元イメージに見えるというものです。
この原理を，図 2-3 にあるような空間を X 軸，時間を Y 軸とした座
標系で考えてみます。光点列が左から右に移動したとき，光点列は
X 軸を右に移動するだけでなく，時間軸である Y 軸上も移動します。
つまり，光点列は XY 平面を斜めに移動しますが，移動にあわせて光
点列の発光パターンも変化します。このとき，人間の脳はある一定時
間（0.1 秒程度）のうちに提示された視覚情報を一つのまとまりとして
認知する特性があるため，一次元の光点列の高速移動が二次元の像と
して知覚されることになります。
　一方で，SD で利用した原理は，図 2-2（右）のように，LED のよ
うな高速点滅が可能な一次元光点列を用意し，光点列は動かさず，サッ

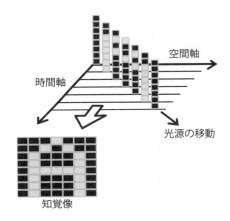

図 2-3　光点列の移動を空間と時間の平面上で表したもの

カード中に光点列の点滅パターンを高速変化させるというものです。それによって各瞬間の一次元の点滅パターンが眼球運動によって異なる網膜位置に投影され，それらが一つの像に統合されて二次元イメージが知覚されるのです。図 2-2 のどちらの場合も網膜上には二次元像が描かれますが，SD の提示原理（右）は，光源自体を動かす代わりに，光源を固定して眼球を動かすという逆転の発想をしたものです。ただし SD の場合，視覚像が知覚されるのは眼球運動中とその直後の一瞬となります。

　SD は，一次元の光源で二次元イメージが提示可能なため，光源の材料費や消費エネルギーが抑えられるというだけでなく，原理として人間の眼球運動を利用して網膜上に二次元イメージを描いているので，十分暗い場所ならば，空中や水中等の投影面のない空間に対しても情報提示が可能になります。たとえば，ビルの端に設置すれば，ビルとビルの間に像が広がるように見える広告や，丸や四角などすでにある形を持って配置された光源群に対して，眼を動かしたときだけ別の形や装飾が重なって見えるというような仕掛けも可能になります。実

際に，66b/cell というパフォーマンスグループとのコラボレーションのなかで，ダンサーの動きや映像に合わせて観客が眼を動かしたときに，二次元のイメージが見えるような舞台演出も行いました（文献 [10]）。また，建築の一部としての利用も考えられ，2014 年，Ars Electronica Festival というオーストリア・リンツ市で行われたアートフェスティバルでは，教会の中に 5m の長さの SD を 2 本設置し，そこで，ステンドグラスのようなイメージを提示するということを行いました（図 2-4）。ステンドグラスの光と SD の光によって，自然の

図 2-4　Ars Electronica Festival 2014 での展示
「Saccade-based Display」（Hideyuki Ando, Junji Watanabe）
（上）眼を動かさないとき，（下）眼を動かして見えるイメージ

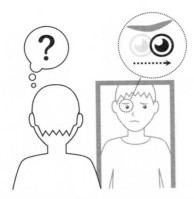

図 2-5 鏡の前で眼を動かしてもその動きは見えない

光と人工の光が空間を満たし，さらに SD のイメージは見ている人の認知の中にしか存在しないという体験が実現されました。

　ここまで，SD を使った情報提示や空間演出について述べてきましたが，SD はその認知体験自体が，自分はどのように世界を見ているのか，もう一度考えるきっかけとなるのです。

　一般に，人間が眼球運動を行っているあいだは，視覚情報は意識に上らないことが知られています。たとえば図 2-5 のように，鏡の前に立って素早く眼を左右に動かしてみると，自分の眼が動いている瞬間の景色が見えないことに気がつきます。試しに，眼の代わりにビデオカメラを鏡の前に置き，眼球を動かすようにカメラを回転させると，カメラが動いているときに生じるボケた画像は，はっきりと記録されます。これは，人間の脳は，眼球の動きによって生じるボケた視覚情報を切り捨てて処理しているということを意味しています。網膜上に描かれたとしても，脳の処理によって意識に上らないということなのです。別の言い方をすると，普段，私たちがありのままの世界として見ているものは，実は脳の認知システムの情報処理によって，作り上げられたものと言えます。もちろん，この脳の機能は日常生活をつつ

15

がなく生きる上では重要な機能です。日常，サッカードの眼球運動によって一秒間に何度もボケた視覚像が見えたとしたら，それだけでノイローゼになってしまうでしょう。このように，私たちの脳は絶え間なく複雑な処理をしているわけですが，日常生活において自分の脳が環境の情報の何を切り取り，何を捨て，どのように世界のイメージを構築しているのか，その原理や過程に気づくことはほとんどありません。

　このとき SD は，眼球運動のあいだに一つの意味ある像を網膜上に描くことで，二次元イメージを提示します。普段，眼が動いているあいだのイメージは脳の認知システムの処理によって意識されませんが，SD で描かれる LED のような明るい光による形のはっきりしたパターンは，例外的に意識に上ります。このような体験は，何かを見るとは，環境を脳内に写し取る受動的な過程ではなく，環境の中から自分の興味の対象を自分自身の運動によって選び取り，脳で解釈する能動的な過程であることを気づかせてくれます。普段はその選び取られた結果しか意識に上ることはありませんが，SD では，その「見るという行為」自体が，視覚像として体験されるのです。

手が動いてはじめて触れられるもの

　次に，人間の手の探索運動を利用した触覚情報提示手法についてお話しします。人間の皮膚の中には圧力や振動を感じる数種類の受容器（センサー）があり，そこからの信号が神経を通して脳に伝えられることで触覚は生み出されます。図 2-6 は指の皮膚の中にある圧力や振動を感じるための受容器を示したもので，皮膚の表面付近，指紋によって生じる淵の周りには「メルケル細胞」や「マイスナー小体」と呼ばれる受容器が存在しています。さらに 2 ミリメートル程度深部に入ると「パチニ小体」や「ルフィニ終末」と呼ばれる受容器もあります（受容器の名前は発見した科学者の名前にちなんでつけられています）。これ

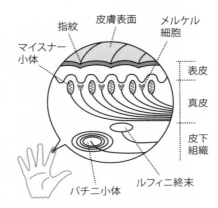

図 2-6　指の皮膚の中の構造と受容器

らはすべて，異なる皮膚変形に反応する受容器で，これらの受容器か
らの信号をもとに，物体の凹凸や粗さ，摩擦といった感覚が生み出さ
れます。さらに，筋肉や腱にある受容器からの信号が組み合わされる
ことで硬さの感覚が，温度や痛みを感じる神経線維からの信号が組み
合わされることで温かさや冷たさ，鋭さなど，さまざまな表面テクス
チャの感覚を感じることができます。

　また，五感の中でも触覚は，視覚（眼）や聴覚（耳），嗅覚（鼻），
味覚（舌）と異なり，センサーが体中の皮膚に存在し，身体部位に
よってその密度が大きく異なります。たとえば，離れた二箇所に同時
に触れて，それが一点に感じるか二点に分かれて感じるかを問い，二
点に感じられる限界を調べるテストを行うと，受容器の密度の高い指
先や唇では，二点間の距離が数ミリメートルでも二点に感じられます
が，密度の低い背中では 5 センチメートル離れていても一点に感じら
れることがあります（図2-7）。このテストは「二点弁別課題」と呼ばれ，
ノギスのような二点を同時に触れられる装置を用いて，少しずつ二点
の距離を広げながら，もしくは二点の距離を狭めながら計測されます。
二点に感じられる距離が小さいほど感度が高いということになります。

このとき，二点弁別の感度が高い部位が大きな面積を占めるように身体像を歪めたものは図 2-8 の「感覚のホムンクルス」と呼ばれ，二点弁別の感度の高い部位，言い換えると，受容器の密度の高い部位である手の指先や唇が大きな姿になっています。

　私たちが，触覚を通じて対象を細かく感じ，精度よく操作するためには，受容器の密度の高い指先でものに触れる必要があります。腕や手を動かし，対象に指先で触れて，さらに指を動かして別の位置の情報を得る。触覚ではこのような探索運動を絶え間なく行っているわけですが，これは視覚において，網膜の感度の高いところで対象を捉えようとする眼球運動の特性と似ています。つまり，人間の感覚は部位

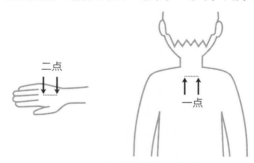

図 2-7　手のひらと背中の二点弁別課題の例

図 2-8　感覚のホムンクルス（Homunculus: ラテン語で小人の意）

によってその感度が異なるため，感度の高いところで環境を認知しようとすると，能動的に眼球や腕を動かす必要があるのです。そして，眼球運動中の認知特性を利用した視覚情報提示手法があったように，触覚においても探索運動中の認知特性を利用した触覚情報提示手法があります。それは「ネイル・マウンティッド・ディスプレイ（Nail-mounted Display，以下ND）」と呼ばれる提示手法（文献 [11]）です。

　NDの原理は，指の動きに合わせて爪の上から振動刺激を加えることで，指腹側に凹凸が存在するような感覚を生み出すものです。通常の触覚における凹凸の認知は，図 2-9（左）にあるように，接触面の凹凸を指の腹でなぞることで指に振動が生じ，それが脳の中で対象物の凹凸として解釈されます。一方で，NDでは，図 2-9（右）のように，体験者は爪の上に乗るくらいの小さい振動装置を両面テープなどで指の爪の上に固定します。そして，体験者が滑らかな面の上をなぞるときに，それに合わせて爪の上の振動装置が振動します。そうすると，物理的には爪の上から与えられた振動が，あたかも指の腹側で生じた振動のように脳で解釈されて，その結果，指腹側に凹凸が存在しているような感覚が生じるのです。

　なぜこんなことが起こるかというと，指に振動が起きたときに，指の皮膚の中にある受容器は，その振動が指腹と爪のどちら側から来たのか振動源の位置に関する正確な情報を得ることができません。そこで人間の脳は，なぞり動作など指を動かしている間に指の皮膚が振動したとすると，それは指腹側の凹凸の情報であるという，日常生活に

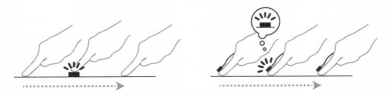

**図 2-9　（左）通常の触覚における凹凸知覚，
（右）ネイル・マウンティッド・ディスプレイの原理**

おける前提に基づいて解釈を行います。そのため，指が動いているときには，爪上からの振動があたかも指腹から来たように振動源の位置を間違えてしまいます。ちなみに，指を動かしていないときに爪上から振動を加えても，それは爪側から来ていると場所を間違えずに認知することができます。

さらに，この ND を視覚情報提示と同期させることで，見た目と触感を合わせて提示することができます。たとえば，タッチパネルなど，体験者の指が画面のどこを触れているかがわかる装置と組み合わせることで，画面上の画像に触れたときに ND を振動させて，そこで何かに触れたような感覚を作り出すことができます。これを利用して，「Touch the Invisibles」という画面の中にいる小さな人を倒すゲーム作品を制作しました（図 2-10 および（文献 ［12］）を参照）。タイトルは「見えないものに触れる」という意味です。体験者が画面のどこに触れたか計測可能なモニターには，小さな人が何体も歩く様子が映されています。ただし，それは影のみで実体が見えません。指がモニターに映された歩く影に触れると歩いている人が倒れるのですが，その際に ND を使って振動を与えると，あたかも体験者の指が小さな人にぶつかったような触感を作り出すことができます。画面の中にはたくさ

図 2-10 「Touch the Invisibles」（Junji Watanabe, Eisuke Kusachi, NOSIGNER, Hideyuki Ando）体験の様子

んの人がいて，指を動かすことで人をなぎ倒していくような触感を感じることができます。「Touch the Invisibles」では，人の影のみを見せ，自身の手を動かしそれに触れるという体験を作り出すことで，モニターの中の小さな人の存在にある種の生命感を想起させています。本作品は，第12回（2008年）文化庁メディア芸術祭のアート部門で優秀賞を受賞しましたが，このような体験は触覚のあるゲームとして楽しめるものでありながら，自身の触覚の認知の仕組みについて気づきをもたらすものだと言えるでしょう。

身体が動かされてはじめて感じられるもの

　三つ目のプロジェクトとして，平衡感覚と身体制御に関するものを紹介します。人間の平衡感覚は，姿勢を制御し身体を適切に動かすために欠かせない感覚です。平衡感覚は主に耳の奥にある三半規管と耳石器（図2-11）からの信号によって生み出されます。三半規管は頭部を回転させたときに生じる回転方向の加速度を検知し，耳石器は頭部の傾きや乗り物に乗ったときに生じる直線加速度を検知します。それらの信号が前庭神経を通じて脳に送られ，平衡感覚が生じるのです。

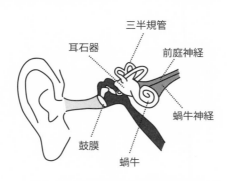

三半規管
耳石器　　　　　前庭神経
蝸牛神経
鼓膜
蝸牛

図 2-11　平衡感覚に関連する器官

私が関連したプロジェクトでは，その前庭神経に微弱な電流を流して刺激を与えるということを行いました。これだけ聞くと，やや危険なことのように聞こえますが，平衡感覚への刺激自体は，これまでも医療の分野では行われてきました。古くは，耳の穴に温水や冷水，もしくは風を注入すると身体に動揺が生じますが，その有無によって平衡感覚の検査が行われてきました。近年は，頭部乳様突起部と呼ばれる左右の耳の後ろの部位に電極を装着した人に，微弱電流を流すと，三半規管から前庭神経に関連する神経が刺激されて陽極側（＋側）に自分の身体が傾くという現象（Galvanic Vestibular Stimulation，以下 GVS）も検査に利用されています。このように平衡感覚への刺激は，主に医療分野の検査として利用されてきましたが，GVS はその現象だけを見ると，物理的に身体を揺らさずとも自身の身体が揺らされる体験や，意思とは関係なく身体が動く感覚を作り出しているとも言えます。さらに，GVS を歩行中に与えると，体験者の歩行方向が電流の陽極側に変化することが知られており，GVS は身体の制御に関する情報提示手法としても捉えることができるのです（文献［13］）。

　GVS は平衡感覚に対して人為的に影響与えることができるもので

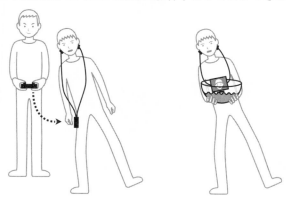

**図 2-12　（左）他人に動かされている様子，
（右）「Save YourSelf !!!」の体験**

すが，それは私たちの身体の捉え方を考え直すきっかけにもなります。もし GVS の制御を図 2-12（左）のように他人の手に委ねたとすると，GVS 装着者はこの体験を通じて，いやがおうにもある方向に向かって「歩かされている自分」に気がつきます。つまり，自分の身体が誰かに制御されているという感覚です。一方で私が制作に関わった体験型作品「Save YourSelf !!!」（文献［14］）では，図 2-12（右）のように GVS を装着した体験者が，自身の平衡感覚とつながれた小さな人形を抱えながら歩いてゆくという体験を実現しました。小さな人形には角度センサーが取り付けられており，計測された角度情報は体験者の GVS 生成装置に送られ，人形の動きに合わせて体験者も揺れを体感します。人形は小さな水槽の中に浮かべられているため，歩行中に少しでもバランスを崩すと，体験者の平衡感覚が揺るがされます。

　また，本作品では 2 人の平衡感覚を交換・共有することもできます。たとえば，図 2-13 のように 2 人の人形からの接続を交差させることによって，お互いの平衡感覚を相手に委ねるという状態が生じます。このとき，ある人の身体の揺れが，別の人の人形を揺らし，それが別の人の平衡感覚に影響を与え，さらにその別の人の身体の揺れが最初

図 2-13　水槽を交換して体験する様子

図 2-14 「Save YourSelf !!!」(Hideyuki Ando, Tomofumi Yoshida, Junji Watanabe) 作品イメージ

の人の人形を揺らす，というループした状況が生じます。このような状況になると，自身の行動は自分自身の意思だけで制御することは困難であり，他者との関係性のなかで生成されているということを強く意識させられます。

　本作品は，まず何より，平衡感覚という日常生活では意識することの少ない感覚に影響を与えるものであり，多くの体験者に驚きを与えるものでした。さらに，身体の動きや意思決定が，どれほど自分以外のものによってなされ得るかを体験的に理解するものだと言えます。

　以下，「Save YourSelf !!!」(図 2-14) の体験をもう少し広く解釈してみたいと思います。私たちは普段，多くの情報に曝され，それらは私たちの行動に意識的にも意識下的にも影響を与えています。何か買い物をするにしても，前の晩に見たテレビやふと目に入った広告，さまざまなものが意思決定に関与しています。そう考えると，自分の意思で行ったつもりのことも，知らず知らずのうちに誰かにやらされているのかもしれません。私たちは生きている限り，環境からの情報に影響を受け，行動が無意識のうちに変化してしまうことは避けられません。特に現代社会では，センシング技術や個人の趣向を推定する技術

の精度が向上するとともに，見えなくなりつつあります。それは，あたかも気づかないうちに GVS 電極が装着され電流が流されているような状況であるとも言えます。もちろん，すべての状況を把握し，それらの影響に対抗しながら生きていくことは不可能です。私たちができることは，自身の意思の不確実性をできるかぎり理解しつつ，うまくそれを受け入れながら行動していくことかもしれません。

展覧会

　ここまで「自分の認知」がどのように行われているのか，そこに意識を向けるようなテクノロジーを使ったプロジェクトを三つ紹介しました。このような体験を一般の方に向けて提示する場合，一つ一つを別の展示として行うだけでなく，これらの体験をまとめて，一つの「展覧会」という形で総合的にプレゼンテーションすることもできるでしょう。限られた時間・場所で専門家に向けて行われる学会発表と異なり，展覧会は多くの人々に向けて，数週間にわたり広い空間で，複数の研究内容をその背景や社会での価値まで含めて発表することができます。展覧会によっては，数千から数万の来場者があり，研究を一般の人に伝える重要な一つの形態であるといえます。たとえば，2009年に私と大阪大学（当時）の安藤英由樹准教授が代表となって行った「感覚回路採集図鑑（Sensory Circuit Collection）」という展覧（文献[15]）は，来館者が人間の認知の過程を捉え直すことを目的とした展覧会でした。以下，その設計について述べましょう。

　展覧会の設計は，いつ（会期），どこで（会場），誰が（企画者），誰に（観客），何を（コンセプト），どのように（展示物），伝えるかを決定することから始まります。この展覧会は 2009 年 10 月 8 日から 2010 年 3 月 1 日，東京お台場の日本科学未来館 3 階の展示エリア「メディアラボ」において，私と安藤准教授が中心となり，日本科学未来館の一般来館者に向けて，認知科学的な観点に基づく情報提示装置を中心とした体

験型展示を行うということを前提として，これに基づいたコンセプト作成を行いました。特に重要である展覧会のコンセプト作成は，研究者の興味を来場者に向けたメッセージに翻訳する作業ともいえ，日本科学未来館のキュレーターの方も含め，広い視点から議論を行いました。私と安藤准教授は，同じ研究室の出身で，先端技術と人間の認知の仕組みをうまく組み合わせた新しい情報提示手法に関する研究を長く共同で行っていました。特に，私が認知科学的視点から，安藤准教授が情報工学の視点から関わっており，その二人の特徴から，人間の感覚を電子回路のように見立て，あえて同列に扱った「感覚回路」という言葉をキーワードとしました。この言葉自体は展覧会のために作った造語であり，来場者の「感覚回路を電子回路によってつなぎかえ，自身の感覚回路を再認識すること」を展覧会のコンセプトとして掲げ，タイトルを「感覚回路採集図鑑」としました。

　続いて，具体的な展示物の選定ですが，今回のような体験型展覧会では，「体験の驚き」，「原理の理解」，「日常への想像力」が重要であると言えます。まず心が揺さぶられるきっかけとなる体験があり，そこから何が起こったか，なぜ起こったかを理解し，そして，その原理と自分との関係に思いを巡らすということです。今回の展覧会では，視覚，聴覚，触覚，平衡感覚，身体感覚といった人間の五つの感覚に関する体験型展示を選択し，展示の名称はすべて展覧会コンセプトにあわせて「○○の回路」（たとえば，「ピカピカの回路」や「デコボコの回路」）としました。展示物自体は，ここまで紹介した視覚に関する「Saccade-based Display」，触覚に関する「Touch the Invisibles」，身体感覚に関する「Save YourSelf !!!」を含む五つの体験型の作品を展示しました。図 2-15 が展覧会で使用したチラシ，図 2-16 が実際の展示空間の写真です。

　そして，展示物の空間配置や提示順序は，来場者に展覧会コンセプトを自身の体験を通じて理解してもらえるように工夫しました。本展覧会では，図 2-17 のように同時にすべての展示が見渡せる形ではな

く，会場を進みながら一つずつ順に展示を体験する導線を設定しました。展示順は，日常馴染み深い感覚である，視覚（ピカピカの回路），聴覚（ザワザワの回路），触覚（デコボコの回路）の展示を体験した後に，

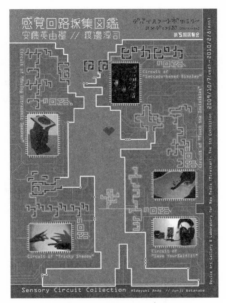

図 2-15　「感覚回路採集図鑑」の展覧会チラシ

ピカピカの回路（視覚），ザワザワの回路（聴覚），デコボコの回路（触覚），ユラユラの回路（平衡感覚），ググの回路（身体感覚）の五つの展示によって構成されている。

「感覚回路採集図鑑」安藤英由樹／渡邊淳司
期間：2009年10月7日〜2010年3月1日
主催：日本科学未来館，(独) 科学技術振興機構 戦略的創造研究推進事業（CREST）「デバイスアートにおける表現系科学技術の創成」
監修協力：前田太郎
展示企画協力：吉田知史，66b/cell
展示制作協力：鈴木隆裕，津田明憲，長江依奈，野崎智子，浦西広幸，久我尚美，篠木貴久
ピカピカの回路（共同制作者：田畑哲稔，前田太郎，技術協力：NTT コミュニケーション科学基礎研究所）
ザワザワの回路（共同制作者：田畑哲稔，Maria Adriana Verdaasdonk）
デコボコの回路（共同制作者：草地映介，NOSIGNER）
ユラユラの回路（共同制作者：吉田知史，前田太郎）
ググの回路（共同制作者：飯塚博幸，前田太郎）

図 2-16　実際の展示空間の写真

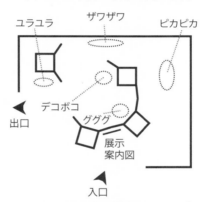

図 2-17　展示空間構成のイメージ図

　普段意識しない平衡感覚（ユラユラの回路）や身体感覚（ググググの回路）の展示を体験できるように配置し，体験していくなかで普段気づかない感覚に対しても徐々に敏感になり，自身の感覚を発見していくような順序としました。

　本展覧会は，情報提示装置と来場者のあいだで生じる体験自体が展示物となっています。そして，体験という閉じた認知世界の中で起きていることを，どのように説明するかは展覧会の重要な検討事項でし

た。その説明方法としては，体験の原理を言葉で説明したもの，原理や日常の感覚との関係を四コマ漫画で描いたもの，さらに体験のメタファとしての電子回路自体を見せるという，三つの方法を取りました。言葉での解説及び四コマ漫画は，主な来場者である子供の視点から体験を描写したもので，できるだけわかりやすく「原理の理解」へ導き，「日常への想像力」のきっかけとなることを目指しました。電子回路を展示したのは，自身の体験が目の前にある電子回路から生み出されていること，自身の感覚回路の流れが変化して体験が生み出されたことを，実感を持って想起してもらうことを意図したためです。

　来場者の理解を深め，感覚を共有するためには，展示の場で研究者と来場者が直接コミュニケーションすることも効果的な方法だと言えます。普段，研究者が一般の来場者と研究内容について話をする機会はほとんどありません。普段聞かれないような質問をされたときは，研究者にとってもどのように答えられるのかスリリングな瞬間でもあります。ただ単純に，専門家が知識を伝えるという視点ではなく，その場での体験が来場者の認知世界の中でどのような意味を持つことになったのか，その点について対話することが重要です。また，もし研究者がその場にいられない場合は，科学館で一般来館者とのコミュニケーションを行うサイエンスコミュニケーターの方々がその場に立つことになります。そのときには，サイエンスコミュニケーターの方々と展示内容やその背景，研究の動機についてもあらかじめ深く話をしておく必要があります。このように展覧会では，個別の展示だけでなく，来場者それぞれにとっての認知世界に新しい情報を生み出す構成や説明方法を考えていく必要があります。

ワークショップ

　ここまで，人間の認知特性を利用した情報提示技術に関する三つプロジェクトと，それらを含む 2009 年に行われた展覧会について紹介

をしました。私は，ちょうどその頃から，体験者が現象をより深く自分事として感じ，理解するために「ワークショップ」という方法論に注目するようになりました。ここで「ワークショップ」というのは，参加者自らが自発的に作業をし，何らかの原理や手法を発見，学習する創作体験型学習の場のことです。参加者が主体的に，創作，観察，発見の過程に関わることで，教示による学びではなく，自分事として新たな発見をするという点に特徴があります。

　私はワークショップに関する取り組みとして，2012年から日本基礎心理学会において「心の実験パッケージ」開発研究委員会（http://www.kokorojps.org/）という活動に参加しています。この研究委員会は，知覚心理学や認知科学を中心に，教育科学，バーチャルリアリティ，メディアアートなど多様な分野の研究者が集まって，インタラクティブ技術を取り入れた「体験型心理学教材」の開発と，体験型教材を効果的に利用して心理学的現象を教えるワークショップの運営とその普及を行っています。インタラクティブ技術を利用しながら，子供たちが自分自身の体験を通して，現象の成り立ちを理解，考察することを促し，「科学的思考」や「知的探究心」を持つようになることを目指しています。

　ここでは，研究委員会で開発したワークショップを二つ紹介します。1つ目は「"触力"を測定しよう！——わたしの顔で見る感覚ホムンクルス」というワークショップです（文献［16］）。"触力"という言葉は一般には存在しませんが，本章の「手が動いてはじめて触れられるもの」の節の冒頭で述べた，触覚の「二点弁別」の感度を"触力"として捉え，それを自分の顔を使って可視化するワークショップを行いました（図2-18）。

　ワークショップ参加者は，2人一組になってノギスを使って腕や額，唇の「触二点弁別閾」（二点が二点として感じられる最も小さな距離）を計測します。ただし，その方法は図2-19にあるようなワークシートに合わせて，順にノギスの二点の間隔を広く（狭く）していって，そ

の限界を求める知覚心理学実験で使われる実験方法を踏襲できるようになっています。そして、「Face Homunculus Viewer」と名付けられたソフトウェアを利用して、計測された"触力"に基づいて、自分の顔写真を変形します。たとえば、参加者の「額」と「口」の触二点弁別閾の値（○○ミリメートルなど）を入力すると、二点弁別閾の違いにあわせて、参加者の顔画像が「感覚のホムンクルス」（図2-8）のように変形されます。図2-18の例にあるように、唇といった二点弁別の感度が高い部位が大きく表示されます。そうすることで、物理的な皮膚の距離と、私たちの心が感じている皮膚の距離は異なること、つまり、「触二点弁別閾の小さい（感度の高い）身体部位は、心のなかでは大きな領域に感じられる」という知識を、自分の顔写真を用いて体験的に理解することができます。

　ワークショップの最後には、「感覚のホムンクルス」が全身ではどのようになっているかを考察し、イラストとして描きます。これは、ワークショップの中で実感した原理を、自分の経験に基づいて別の部位についても適用するということを狙いとし、単に「唇の触二点弁別閾は小さい」と覚えるだけでなく、その背景となる原理まで自分事として理解することを促します。

図2-18　（左）オリジナルの顔、
（右）触二点弁別の感度によって変形された顔の例

子どものための“知覚・認知”科学教育
メディアワークショップシリーズ

しょくりょく　そくてい
“触力”を測定しよう！

－わたしの顔で見る感覚ホムンクルス－

氏名：＿＿＿＿＿＿＿＿＿＿＿＿

図 2-19　「“触力”を測定しよう！
―わたしの顔で見る感覚ホムンクルス―」ワークシート
（© 日本基礎心理学会「こころの実験パッケージ」開発研究委員会）

1. 感覚は測れる?

身長や体重を測るのと同じように感覚も測れるのでしょうか?

視力: ぎりぎり見える細かさ
聴力: ぎりぎり聞こえる音の大きさ

触力: ぎりぎり二つの触覚がわかる細かさ! ＝ 二点弁別閾(にてんべんべついき)

2. 体験! 腕の触力を測ろう

実験者氏名:＿＿＿＿＿＿＿　　被験者氏名:＿＿＿＿＿＿＿
(じっけんしゃ)　　　　　　　　　　(ひけんしゃ)

被験者は腕を出して眼をアイマスクで閉じます。

2ヶ所 触られたか **1ヶ所** 触られたかを答えます。

1ヶ所から2ヶ所に変わった点と2ヶ所から1ヶ所に変わった点の平均が
ぎりぎり二つの触覚が分かる細かさです。

この **数字が小さい** ほど感覚が鋭い ＝ **敏感** ということになります。
(するど)　　　　　　　(びんかん)

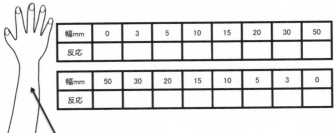

幅mm	0	3	5	10	15	20	30	50
反応								

幅mm	50	30	20	15	10	5	3	0
反応								

ぎりぎり触覚が分かる細かさ ＿＿＿＿mm

3. 実験！ 顔の触力を測ろう

顔だとどうなると思うか？　なぜそう思うか？

実験者氏名：＿＿＿＿＿＿　　　被験者氏名：＿＿＿＿＿＿

幅mm	0	3	5	10	15	20	30	50
反応								

幅mm	50	30	20	15	10	5	3	0
反応								

（1）額：ぎりぎり触覚が分かる細かさ　＿＿＿＿＿mm

幅mm	0	1	2	4	6	8	10	20
反応								

幅mm	20	10	8	6	4	2	1	0
反応								

（2）唇：ぎりぎり触覚が分かる細かさ　＿＿＿＿＿mm

4. 結果のまとめ

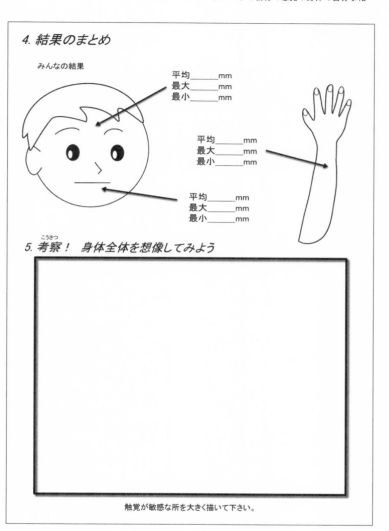

みんなの結果

平均_____mm
最大_____mm
最小_____mm

平均_____mm
最大_____mm
最小_____mm

平均_____mm
最大_____mm
最小_____mm

5. 考察！　身体全体を想像してみよう

触覚が敏感な所を大きく描いて下さい。

研究委員会で開発したワークショップのもう一つは，顔の記憶を
テーマとした「自分の顔を探せ！──鏡が映す顔・心が映す顔」です。
このワークショップでは，「他人のそら似生成機」と名付けられた，
顔写真の眉や目，鼻，口の位置やサイズ，顔輪郭の形状を変化させる
ソフトウェアを利用して，自分や友人の顔の記憶の正確性について体
験的に理解します。まず，参加者の顔写真を撮影します。そして，オ
リジナル1枚とソフトウェアで変換した9枚の写真を合わせた顔写真
10枚（図2-20）のなかから「本物（オリジナル）」の顔写真を1枚探し
当てることをしてもらいます。10枚の顔写真それぞれを1枚ずつ別
のカードにして，1枚ずつ見ながら自分の顔であるかを「○」「×」「△」
で判定して，ワークシートに記入します。そうすることで，どのくら
い正確に自分の顔を記憶しているか実感しながらワークを行うことが
できます。ワークの後には，間違えた顔の属性についてどのような特
徴があるかなど，参加者同士で考察し，実際の自分の顔（鏡が映す顔）
と記憶のなかの自分の顔（心が映す顔）がどのように異なっているか
理解を深めます。

　以下，研究委員会の活動を通して気がついた，人間の心理や認知に
関するワークショップを設計する際にポイントとなる点を三つ挙げた
いと思います。第1に機材の汎用性があります。研究委員会で開発し
たワークショップは，全国の科学館で行われることを想定しています。
そのため，機材が簡単に手に入り，メンテナンスが容易であることは
ワークショップを実施，継続する上では大きな利点となります。また，
写真といった参加者（特に子供）が日頃から慣れ親しんでいるものを
使用することは，参加者の興味や意欲を引き出すことにもつながりま
す。第2に現象への関与性です。前記の二つのワークショップでは，
どちらも自分の顔写真を利用して触二点弁別閾や顔の記憶についての
ワークを構成しています。自分自身が素材となることは，その現象へ
の参加者の関与性が非常に大きくなり，参加者を受動的な態度から能
動的な態度へ導き，さらに参加者が他の参加者と積極的にコミュニ

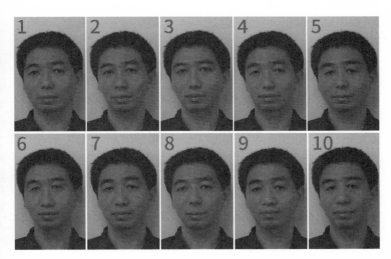

**図 2-20　「他人のそら似生成機」で作られた顔写真 9 枚と
オリジナルの顔写真 1 枚（7 番）**

ケーションをとりながら現象を理解することにつながります。第 3 に
体験の共有性です。ワークショップでの体験を，家に持ち帰って振り
返り，他の人と共有できることも重要です。ワークショップ「自分の
顔を探せ！」では，ワークで使用した自分の顔写真と変形された顔写
真をカードとして持ち帰ることができます。そのカードを使って，家
で家族にクイズを出題することで，体験をワークショップが終わって
からも持続することができます。今後さらに，制作物をインターネッ
トでシェアするなど，物理的・時間的な制約を超えた「体験の共有」
が得られるシステムを構築することも重要となるでしょう。

　研究委員会では，私たち委員がワークショップを全国の科学館で開
催するだけでなく，教材およびそれを用いたワークショップを誰でも
実行可能なパッケージとして普及させ，「科学としての心理学」をよ
り広く全国の子供たちに伝えることを目指しています。そのパッケー
ジでは，手順や注意事項などを記したマニュアルと教材の貸出も行っ

ています（図 2-21）。教材には，図 2-22 にあるようなワークショップ準備シートやタイムシートも含まれます。2016 年からは，新しいワークショップを多くの人と一緒に企画するためのイベント「アイデアソン（Ideathon，アイデアとマラソンを組み合わせて作られた造語）」も開催しています。子供たちに体験を広げるだけでなく，ワークショップをつくる側にも関心をもって参加していただけるようにしています。このような活動の積み重ねが，自分の認知世界の体験的理解，つまりは「自分の感覚や身体の自分事化」へつながればと思っています。

図 2-21　貸出用マニュアル・教材パッケージの CD ラベル
（© 日本基礎心理学会「心の実験パッケージ」開発研究委員会）

　本章では，ここまで認知科学の研究や展示，ワークショップについて述べてきましたが，それらの違いをもう一度確認しましょう。研究の重要な点は，そのはじまりが個人的な体験や思い付きであったとしても，そこからデータ収集や統計処理による評価を通して一般的な法則として成り立つものを発見することにあります。一方で展示やワークショップは，新しい感覚，体験，価値観について一般の人とともに考える機会を作り出し，そこで個人個人が深く体験的に理解することを目指します。中でも展示は，数多くの人に向けて行われるため，多くの人がある程度同じ内容を同時に体験できるように設計されることが望ましいです。一方で，ワークショップは，少人数で体験時間も1時間程度の長い時間をかけて行われるため，個人それぞれが自身の体験を通して学ぶ過程に重点が置かれます。このように，研究と展示，ワークショップはその扱う内容は類似していても，その目的や手法は必ずしも同じではありません。今後，認知科学の発表の場が広がるなかで，その違いに意識的であることが求められるでしょう。

子どものための"知覚・認知"科学教育
メディアワークショップ「自分の顔を探せ！」
進行準備チェックリスト

1. 開催日時・場所 　　　　　　　　　　　　　　　　　　　　　　　　メモ欄

☐ 開催日時（　　　）年（　　　）月（　　　）日	
☐ 開催場所（　　　　　　　　　　　　）	
☐	

2. スタッフおよび受講者数

☐ 講師1：主にワークショップの進行（　　　　）	
☐ 講師2：ワークショップの進行補佐（　　　　）	
☐ 顔写真の撮影と印刷　　　　（　　　　）	
☐ ファシリテータ（　　　）名	
☐ 受付　　　　（　　　）名	
☐ 参加予定者数　（　　　）名	
☐ グループ数　（　　　）グループ	
☐	

3. 実験に必要な機材など

☐ プリンタ　　（　　　）台	
☐ 仮面　　　　（　　　）枚（グループ数＋講師）	
☐ 名刺用紙　　（　　　）セット（10枚1セット）	
（グループ数×10枚＋参加予定者数×10枚＋予備）	
☐ Webカメラ	
☐ パソコン（顔写真撮影・印刷用）	
☐ パソコン（講師用）	
☐ 講師1の顔変形カード	
☐ 卓上三脚（あれば）	
☐	

4. 配布資料（印刷物）

☐ ワークシート　（　　　）枚	
☐ 受付票　　　　（　　　）枚	
☐	

5. 確認事項

☐ ARGインストールおよび動作確認	
☐ 授業スライド動作確認（顔の正解番号の対応も確認）	
☐ 授業記録（有・無）	
☐	

図2-22　ワークショップの準備シートとタイムシート
（© 日本基礎心理学会「心の実験パッケージ」開発研究委員会）

進行プラン（45分想定、受付：10分、WS：28分、予備：7分）

受講者の年齢や講座の時間に応じて、適宜所要時間を変更してください。

時間	内容（スライド番号）	写真 / スライド
10分 （計10分）	受付 [受付] 受付に来た人にワークシートを渡す。シートには参加者の受付番号とグループ番号を記入しておく。また、ワークショップが始まるまで、ワークシートを開かないよう参加者に注意する。 [撮影・印刷] カメラの前に座ってもらい参加者の顔写真を撮影する。 [ファシリテータ] 自分の担当グループの参加者を席まで案内する。	
5分 （計15分）	記憶に関するレクチャー（1-33p） [講師1] レクチャーを開始する。 [講師2] ファシリテータに「講師1の顔変形カード」を渡す。 [撮影・印刷] 顔写真の印刷を開始する。（実験2の代表者の顔を優先的に印刷）	
4分 （計19分）	講師1の顔を当てる実験（34-35p） [講師1と講師2] 記憶に関するレクチャー終了後、講師1は退出。代わりに講師2が全体の進行を行う。 [ファシリテータ] 担当の机について、ワークシートを開くように参加者を促し、講師1と参加者との関係性について記入してもらう。そして、「講師1の変形顔カード」を、比較できないように参加者に1枚づつ見せて、参加者の顔かどうか「○」「△」「×」で記入してもらう。 カードの裏側には、変形した箇所が書いてあるため、裏側を見ないように参加者に注意する。また、答えは書き換えないように注意する。 解答が終わった人から、シートの自由記述欄に感想などを書いてもらう。 最後に、グループごとに感想を話し合ってもらい、別の顔だと判断した理由や、注目した顔の部位など、個々人が気づいた点を話し合ってもらう。	

2 分 （計 21 分）	正解発表：講師 1 の顔（36-37p） [講師 1 と講師 2] 講師 2 は、講師 1 に前に出てくるようお願いする。講師 1 は仮面を着けた状態で前に出てくる。「正解発表です。」とともに講師 1 は仮面を外し、正解番号が書かれたスライドを表示する。 [ファシリテータ] グループごとに、正解の人がどれだけいたかや、カードを裏返して、どの部位が変形されていたかなどを話し合ってもらう。 [撮影・印刷] 「代表者の変形顔カード」の印刷をここまでに終える。	
5 分 （計 26 分）	お友達（代表者）の顔を当てる実験（38p） [講師 1] 次にグループ内の 1 人の顔を他の参加者が当てる実験を行うことを説明する。再び、講師 1 が全体の進行を行う。参加者全員に前を向いた状態で目をつぶってもらう（うつぶせになると顔がわからなくなるため）。肩を叩かれたら目を開けてもらうようお願いする。 全グループの代表者が仮面を付け終わったら、全員に目を開けてもらうように言う。 [講師 2] ファシリテータに、印刷した「代表者の変形顔カード」と、顔を隠すための仮面を渡して回る。 [ファシリテータ] 「代表者の変形顔カード」を確認して、自分のグループの代表者の肩を叩き、目を開けてもらい、仮面を手渡す。全グループの代表者が仮面を付け終わり、全員が目を開けたら、ワークシートに代表者と参加者の関係性を記入してもらう。そして、「講師 1 の変形顔カード」を、比較できないように参加者に 1 枚づつ見せて、参加者の顔かどうか「○」「△」「×」で記入してもらう。 カードの裏側には、変形した箇所が書いてあるため、裏側を見ないように参加者に注意する。また、答えは書き換えないように注意する。 解答が終わった人から、シートの自由記述欄に感想などを書いてもらう。 最後に、グループごとに感想を話し合ってもらい、別の顔だと判断した理由や、注目した顔の部位など、個々人が気づいた点を話し合ってもらう。	「同じグループの友だちの顔」 を当てる実験   

1分 (計27分)	正解発表：代表者の顔（39-40p） ［講師1］ 代表者に仮面を外してもらい、正解番号が書かれたスライドを表示する。 ［ファシリテータ］ グループごとに、正解の人がどれだけいたかや、カードを裏返して、どの部位が変形されていたかなどを話し合ってもらう。	正解は 7
5分 (計32分)	まとめ（41-45p） ［講師1］ まとめの話をする。 ［撮影・印刷］ 「自分の変形顔カード」の印刷をここまでに終える。 ［講師2］ ファシリテータに、印刷を終えた「自分の変形顔カード」を渡して回る。	顔以外の情報からも 影響を受けて「つくられる」
3分 (計35分)	自分の顔を当てる実験（46p） ［講師1］ 最後に、自分の顔を当てる実験を行うことを説明する。 ［ファシリテータ］ 「自分の変形顔カード」を各参加者に配る。そして、「自分の変形顔カード」を、比較できないように参加者に1枚づつ見てもらい、自分の顔かどうか「○」「△」「×」で記入してもらう。 カードの裏側には、変形した箇所が書いてあるため、裏側を見ないように参加者に注意する。また、答えは書き換えないように注意する。 解答が終わった人から、シートの自由記述欄に感想などを書いてもらう。 最後に、グループごとに感想を話し合ってもらい、別の顔だと判断した理由や、注目した顔の部位など、個々人が気づいた点を話し合ってもらう。	
3分 (計38分)	正解発表：自分の顔（47-50p） ［講師1］ 正解番号が書かれたスライドを表示し、ポイントを説明する。自分の顔カードは持ち帰っても良いと伝える。 ［ファシリテータ］ ワークシートにワークショップの感想を書いてもらい、回収する。	ポイント1 「物理的な顔（鏡の中の顔）」 と 「記憶した顔（心の中の顔）」 はちがう

触/身体感覚のデザイン

ここまで，テクノロジーを介して自分の認知世界を実感する試みについて述べてきましたが，本章では，自分事の最たるものである触覚や身体感覚に関する設計（本書では「触/身体感覚のデザイン」と記す）について考えます。もちろん，触/身体感覚のデザイン自体は素材や触り心地のデザインなど，過去にも試みはありました。しかし，近年はそれに触/身体感覚を計測・伝送・提示するための技術が加わり，さらには，情報に対しても身体性を考えることが必要になりました。つまり，素材から受ける感覚としての分類や設計だけでなく，技術によって生じる新しい感覚や情報に対しても触感や身体性をどう「体系化」するのか，「個人の体験」をどのようにデザインするのかということを考える必要が出てきました。本章では，触/身体感覚とはどのようなものなのか，その仕組みや特徴を概説し，それらを通じた具体的なデザインや社会的価値について述べていきます。

触/身体感覚＝ハプティクス

私たちは普段の生活の中で「触れる」という行為を絶え間なく行っています。たとえば，スーパーで野菜を買うときや，家電量販店でスマートフォンを買うときには，対象に手を伸ばし，軟らかさ（硬さ），温かさ（冷たさ），気持ち良さ（悪さ），高級感（安っぽさ）といった様々な質感を感じ，「それを買うかどうか」といった意思決定の手がかりとしています。また，皮膚で対象に触れたときの感覚だけでなく，自身の身体がどこの位置にあるのか，どのような力がかかっているのか

という身体の感覚も，身体を制御するためには必須のものです。このように，触れた対象の性質を感じるための感覚と身体の位置や力に関する感覚（本書ではこれらをあわせて「触／身体感覚」と表す）は，日常の私たちの判断や行動に大きな影響を与えています。

　これまで，布の触り心地や，金属やプラスティック製品の表面加工，家具や内装の素材選択，化粧品やマッサージといった特定の分野では，各分野に専門家が存在し，「触／身体感覚のデザイン」の探求がなされてきました。それだけでなく，近年はバーチャルリアリティ技術の発達とともに，触覚技術への注目が高まり，主に振動を使ったユーザーへの情報提示がゲーム等のエンタテインメント分野で行われています。しかし，その設計原理は専門家の特殊技能として存在していることが多く，広く明示的に流通する形にはなっていません。

　私たちは，日常の営みの中でも，何らかの目的を適（かな）えるために，感覚刺激の強さや配置を意図的に設計しています。たとえば，この本に書かれている文字の大きさや形も「文章の内容をわかりやすく伝える」という目的を適えるためにフォントやレイアウトが設計されています。絵や音楽も鑑賞者の心を動かすために設計された光や音の構造ということができるでしょう。そして，光や音の設計原理は，「ビジュアルデザイン」「サウンドデザイン」という形である程度確立されており，その「職能」（知識やノウハウといった専門性）や「職業」（対価が支払われる職能）も社会的に認知されています。しかしながら，「触／身体感覚のデザイン」に関しては，その原理が学術的にもまだ明らかではなく，当然ながらその職業（「触感デザイナー」？）も社会的に認知されているとは言えません。このような状況で必要となるのは，製品やコンテンツにおける触／身体感覚の設計を，意思決定者の好みや，専門家の暗黙知のみによって決定するのではなく，認知科学の知見に基づく手法や方法論を誰もが使用可能な形とし，分野としての裾野を広げ，リテラシーを持った人々の議論によって意思決定がなされる基盤をつくることです。

ちなみに，本書では「触/身体感覚」というあまり一般的とは言えない語を，その特性を強調するためにあえて使用しています。一般に「触れる」の英訳は「Touch」ですが，私が想定する「触/身体感覚」に関する語は「Haptics（ハプティクス）」です。「Haptics」とは，視覚における光学（Optics），聴覚における音響学（Acoustics）に対応する，触覚の物理・生理・心理にまたがる「触れることの学問」を意味する語です。ドイツの心理学者・哲学者マックス・デソワール（Max Dessoir, 1867-1964）が最初に使用したと言われています。

　「触/身体感覚」を認知科学の専門用語で定義すると以下のようになります。物体に皮膚を接触させることで，物体の表面形状や粗さ，温度を認知する感覚を「皮膚感覚（Cutaneous Sense）」と呼びます。また，手や足といった身体部位がどこにあるのか，その部位にどのくらいの力が加わっているのかを知るための筋肉や腱の状態についての感覚を「自己受容感覚（Proprioceptive Sense）」と呼びます。そして，皮膚感覚と自己受容感覚，さらには痛みなどの感覚まで合わせた感覚を「体性感覚（Haptic Sense）」と呼びます。つまり，体性感覚は，皮膚表面の感覚だけでなく，力の感覚や腕や指の能動的な探索運動，さらにはそこから得られる様々な身体感覚まで含んだものと言えます。ここで「触/身体感覚」は，体性感覚とほぼ同義，もしくはより抽象的な意味を持つ語として使用しており，その意味である「触＋身体」を明確にするためにこのような表記にしています。

　また，「Haptics」という語は英語圏では一般的に使用され，触覚関連分野の最も大きな学会の名称は「World Haptics」ですし，皮膚感覚や力の感覚で意思や感情を伝えるコミュニケーションを「Haptic Communication」，皮膚感覚や力の感覚の情報技術を「Haptic Technology」と呼びます。そして近年，触/身体感覚のデザイン（＝「Haptic Design」）に関する試みは，出版物（文献 [5]）（文献 [17]）やウェブサイト（http://hapticdesign.org, http://furue.ilab.ntt.co.jp），コンペティション等を通じて普及されつつあります。

質感のメカニズムと提示

　触／身体感覚の基本的な仕組みについて説明します。2章の「手が動いてはじめて触れられるもの」の節でも述べましたが，私たちの触覚は，皮膚の中にある数種類の受容器（センサー）からの信号や，筋肉や腱にある受容器からの信号が，神経を通して脳に伝えられることで生み出されます。特に，皮膚の中には，異なる皮膚変形に反応する数種類の受容器があり，これらからの信号をもとに，物体の凹凸や粗さ，摩擦といった感覚が生み出されます。さらに，筋肉や腱にある受容器からの信号が組み合わされることで硬さの感覚が，温度や痛みを感じる神経線維からの信号が温かさや冷たさ，鋭さの感覚など，さまざまな「質感」が生み出されます。

　触／身体感覚のデザインのうち，特に素材の「質感」に関するデザインは，視覚のデザインと同様の考え方を採用することができます。それは「質感」を分類し，その関係性を体系化・可視化するという点で，視覚における色相環や色域の分布図といった考え方を参考にすることができるからです。これまで触／身体感覚の「質感」に関する研究領域では，特に触覚の材質感を構成する主要因について数多くの研究が行われてきました。広く行われてきた実験法はSD法（Semantic Differential 法）と呼ばれ，「粗い－滑らか」「凹凸な－平らな」「硬い－軟らかい」「すべる－粘つく」「温かい－冷たい」など，材質感に関する形容詞の評価語対を用意し，被験者に多様な触素材（布，紙，皮，木，金属，ゴム等）に触れてもらい，評価語の観点から定量化する方法でした。たとえば，「粗い－滑らか」という評価語に関して，＋3を「とても粗い」，＋2を「粗い」，＋1を「やや粗い」，0を「どちらでもない」，－1を「やや滑らか」，－2を「滑らか」，－3を「とても滑らか」のように点数化し，すべての評価語の結果を分析することで，主にどんな感覚を基準にして材質感が構成されているのかが調

べられてきました。その他にも，ある触素材と別の触素材がどのくらい似ているのかその類似度を点数づけし，多次元尺度構成法（Multi-Dimensional Scaling 法）と呼ばれる方法で素材間の関係性を抽出する方法や，言語を使わずグループ分けをすることで関係性を可視化する方法（文献［18］），形容詞のタグをつける形で素材の特性を定量化する方法なども行われてきました。

　近年，いくつかの研究の実験結果を総合した分析が行われ，材質感に関しては「凹凸感」「粗さ感」「摩擦感」「硬軟感」「温冷感」の五つが基本的な感覚だと結論づけられています（文献［19］）。「凹凸感」とは，凸と凸のあいだが 100 マイクロメートル（＝0.1 ミリメートル）程度以上の距離を持つ形状に関する感覚を指し，指を動かさずとも皮膚の変形から認知できる感覚です。「粗さ感」は，刺激の凸間距離が数十マイクロメートル程度以下の対象を指でなぞることによって生じる感覚です。「摩擦感」は，皮膚と接触対象が滑りあうときに生じる固着と滑りに関連する感覚です。「硬軟感」は，指で力をかけて対象を押し込むことによって生じる反発に関する感覚です。「温冷感」は，皮膚と接触対象との熱エネルギーの移動に関する感覚です。

　材質感の分類に関して「凹凸感」「粗さ感」「摩擦感」「硬軟感」「温冷感」が基本的な感覚であると述べましたが，私たちが普段感じる材質感は，それらが複雑に組み合わさったものです。それをどのように分類，体系化したらよいのか。私はその分類に関して，触り心地を表すオノマトペ（擬音語・擬態語の総称）に着目しました。オノマトペは日常生活において感覚を柔軟に伝達する手段として，マンガ，文学作品の中でもよく使用されています。そして，日本語の触覚に関するオノマトペは，他の言語，他の感覚に比べて非常に数が多いことが知られています。私はこのような触覚のオノマトペを触覚の感覚カテゴリの名称のように捉えて，その印象の分析を行いました。具体的には，「さらさら」「ざらざら」「すべすべ」「ごつごつ」といった日本語の触り心地に関するオノマトペを 42 語集め，それぞれのオノマトペ自体

が持つ「大きさ感」「摩擦感」「粘性感」に関するイメージを数値で回答してもらい（たとえば，「ざらざら」の「大きさ感」＝ 3，「摩擦感」＝ 5，「粘性感」＝ 2 など），そのイメージの関係性を分析しました。その回答結果から得られたのが図 3-1 のオノマトペの二次元分布図です（文献［20］）。この分布図は，現在の日本語が触覚をどのようにカテゴリ化しているのか，空間的に表したものと言えます。ここでは近い触り心地を表すオノマトペは，分布図の中でも近く位置しています。分布図の中で，左上には「じゃりじゃり」や「じょりじょり」といった粗い感覚を表す語が集まり，右下には「つるつる」や「すべすべ」といった滑らかな感覚を表す語，右上には「ぐにゃぐにゃ」や「ねちょねちょ」という軟らかい感覚を表す語が集まっています。このように，オノマトペが空間的に配置されることで材質感の感覚カテゴリや，素材分類の基準について考えることが可能になります（文献［21］）。

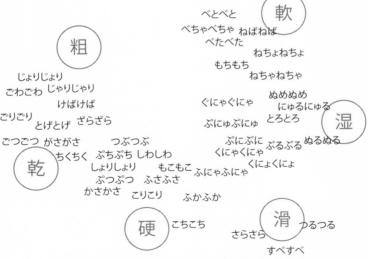

**図 3-1　触り心地の質感のカテゴリを可視化する
オノマトペの二次元分布図**

特に，触り心地を分類し可視化するという考え方は，特定の分野の素材や触り心地の関係性を扱う時に役立ちます。たとえば，木材や紙，布といった，触り心地が重要な製品のバリエーションを整理するときや，そのバリエーションを直観的に一目で伝えたいときに，様々な触素材をその質感にあわせて分布図上に配置することで，質感の関係性を可視化することができます。実際にこのオノマトペ分布図が製品のバリエーションの把握，プレゼンテーションに使用された例として，株式会社タイカの「αGEL」（アルファゲル）の例があります。この素材は衝撃吸収などに使われ，表面の粗さだけでなく，硬さや弾性，粘性，さらには表面にまぶされた粉状の物質による摩擦など，その触り心地はとても複雑です。この「αGEL」のツールキットデザインのプロジェクトで，前述のオノマトペの二次元分布図が使用されました。

　具体的には以下の手順で行われました。様々な触感の「αGEL」が用意され，それらを触り心地に合わせてオノマトペ分布図の上に配置します。プロジェクトの参加者はいくつかのグループに分かれて配置を行い，それぞれの素材がオノマトペ分布図上のどこに配置されるか，グループ間の違いを見ます。グループによらず同じような場所に素材が配置された場合，その素材は多くの人に同じような触り心地を与える素材であると考えられます。逆に，グループによって大きな差があった場合，その素材は個人の感覚や触り方によって異なる触り心地を生み出す素材であると言えます。グループ間で差が少ない素材を集め，代表的な12素材を選び出し，それらを最もよく分類する軸が設定されました。また，オノマトペ分布図で見られた音と触感の関係性を手掛かりに各素材の名称がつけられました。たとえば，「ふわふわ」と表されるような軽く滑らかな触感が特徴の素材には「f」の音で始まる「フラッフィースムース」，「ぷるぷる」と表されるような張りがあってやや硬い素材には「p」の音で始まる「パンプアップ」と名付けられました。このようなプロセスを経て作成されたのが，図 3-2 の「HAPTICS OF WONDER　12触 α GEL 見本帖 vol.1」です。12種の

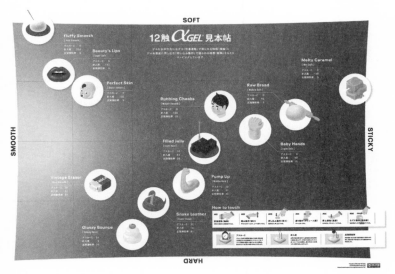

図 3-2　「HAPTICS OF WONDER 12 触 αGEL 見本帖 vol.1」

主催：株式会社タイカ
監修：HAPTIC DESIGN PROJECT (南澤孝太 慶應義塾大学大学院 メディアデザイン
　研究科・教授，金箱淳一 神戸芸術工科大学・助教)
プロダクトデザイン：BARAKAN DESIGN
グラフィックデザイン：Beach
写真：Tsunaki Mizunoya
協力：株式会社ロフトワーク

「aGEL」がスタイリッシュな箱に入れられ，それらの触り心地がどのような関係にあるのか一目で分かるような分布図が付属しています。煩雑になるのでオノマトペ自体は表記されていませんが，その触り心地の分類にはオノマトペが参照点となっています。このように，触り心地の「質感」の分類は，その複雑さからまだ統一的な方法は確立されていないものの，一つの手がかりとしてオノマトペのような言語表現を利用することができるでしょう。

　次に，指先で触れる材質感とは異なり，対象が「震える」ことで生じる感覚について考えてみましょう。人間が認知できる皮膚振動は1秒間に数回から数百回，多くても千回程度の振動であることが知られています。そのため，その周波数帯（1KHz程度）のデータを記録,伝送,提示できれば，震える感覚の情報を遠くの人に提示できるということになります。データの時間特性から考えると，人間が認知できる音声の周波数がおよそ20KHz以下（1秒間に最大2万回程度）であるのに対して，媒体が空気（気体）か皮膚（固体）かの違いはありますが，皮膚振動はそのおよそ20分の1となります（図3-3）。つまり，触／

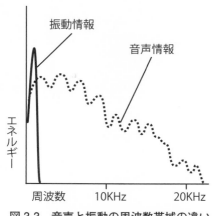

図3-3　音声と振動の周波数帯域の違い

身体感覚における皮膚振動は，情報の伝送という観点からは超低周波の音声情報として考えることができ，これまでの音声伝送規格の中で扱うことが原理的には可能だということです。もちろん，音声は，空気の振動を電気信号に変換することで記録し，その電気信号を再び機械振動に変換し空気を振動させて再生されます。一方，皮膚の振動は硬いものも軟らかいものも含め固体の振動を電気信号に変換することで記録され，その電気信号で固体を振動させて再生されるため，その記録・再生の装置は音声とは異なります。たとえば，圧電素子（力が加わると電圧が生じる素子）を対象に接触させ，振動による対象の動きを電気信号として記録する方法があります。また，音声ではスピーカーのコーン（紙）を電気信号で震わせて空気を振動させるのに対し，皮膚振動の再生はモーター等で金属のおもりを機械的に振動させるような方法をとります。

実感と情感の体験

　ここまで述べたように触／身体感覚の「質感」や振動情報に関しては，視覚で使われていた感覚デザインの考え方や，聴覚で使われてきた伝送に関する取り決めを参考にすることができそうです。しかし，触覚特有の性質として，視覚や聴覚は身体から離れた対象を認知するための感覚（遠感覚）である一方，触／身体感覚は対象に直接触れて，それが存在していることを「実感」する感覚だという特徴があります。
　ここで，触覚の「実感」に関するプロジェクト「心臓ピクニック」（文献［22］）（図3-4）を紹介しましょう。「心臓ピクニック」は，自分自身の生命と深い関わりのある心臓の鼓動を，簡便な装置によって自身の手で触れられるようにし，「生命」の意味を個人個人で実感，再認識するワークショップです。2010年に，東京六本木のデザインミュージアム 21_21 DESIGN SIGHT で行われた企画展 佐藤雅彦ディレクション「"これも自分と認めざるをえない"展」に際して開発さ

れ，現在も継続的にワークショップを行っています。「心臓ピクニック」では，図 3-5（左）にある，マイク内臓の聴診器，振動スピーカー（心臓ボックス），制御回路からなる心臓ピクニックセットを使用します。ワークショップの参加者は，図 3-5（右）のように，片手に聴診器，もう片手に心臓ボックスを持ちます。そして，聴診器を自身の胸に当てて鼓動音を計測すると，それが心臓ボックスから振動として出力されます。参加者は自身の鼓動を音として聞くのではなく，振動として触れることが可能になるのです。

　身体を動かすことで生じる自身の鼓動の変化を直接手で触れて感じたり，心臓ボックスを他の参加者と交換することで，自分と他人の鼓動の違いを感じることができます。また，普段意識することのない心臓の動きに触れることは，自分や他人の生命存在としての側面を実感し，そのかけがえのなさについて考えるきっかけになると考えられます。実際，ワークショップ参加者からは以下のようなコメントが得られました。

♥ Heartbeat Picnic
Junji WATANABE, Yui Kawaguchi, Kyosuke SAKAKURA, Hideyuki ANDO

図 3-4　「心臓ピクニック」
（Junji Watanabe, Yui Kawaguchi, Kyosuke Sakaura, Hideyuki Ando）

**図 3-5　（左）聴診器，振動スピーカー（心臓ボックス），
制御回路からなる心臓ピクニックセット。
（右）鼓動を手の上の触感として感じる「心臓ピクニック」体験の様子**

　「心臓を物体のように両手で触れたことがなんといっても新鮮です
ばらしかったです。」

　「心臓を本当に手の中に収めて心臓が体から出た感覚は面白かった。
リアルでした。でも生きている心臓を生きている限り取り出すことは
できないから，リアルかどうかも分かりませんが，これが自分なんだ，
生きていることなんだと感じられました。」

　このように，生命に擬似的に触れる体験，つまりは触／身体感覚を
通してその存在を実感することは，リアリティを持って対象を理解す
るきっかけになるのです。

　もう一つ触／身体感覚が持つ大きな特徴として，触れることで相手
を安心させ，親しみや信頼を生み出す「情感」があります。私たちは
日常生活の中で，握手を交わし信頼を醸成したり，好きな人を抱きし
めて愛情を伝えたり，触れることによって情感を伝えています。さき
ほど紹介した「心臓ピクニック」も，生命としての自身を「実感」す
るという特徴以外に，人と人との関係性を変化させるという特徴があ
ります。ワークショップ終了後のアンケートでは，以下のような感想
も得られました。

「初対面の人とも，心臓をもっているせいか，打ち解けるのが早かった。」

「自分の心臓を外に出して，その鼓動を感じながら知らない人とお話ししていると，逆にとても冷静になれる気がしました。自分じゃないというか，自分のことを一歩ひいて見ることができる不思議な体験でした。」

また，触／身体感覚そのものだけでなく，触／身体感覚に関連する視聴覚情報も同様の役割を果たすと考えられます。同じく，2010年の「"これも自分と認めざるをえない"展」にて展示された「心音移入」（図3-6）という作品は，自身の心臓の鼓動を計測して，ヘッドフォンでの音声と椅子での振動で提示する作品でした。作品の体験者は椅子に座り，ヘッドフォンを装着します。マイク内蔵の聴診器を自分の胸に当てると，自身の心音がヘッドフォンを通じて流れてきます。このとき，体験者の目の前およそ1.8メートル先には大画面のディスプレイが設置されていて，そこから映像が流されます。体験開始時には黒い画面が表示され，自身の心音を確認する時間帯が設定されています。その後，心音とともに緊張している人の映像が再生されます。たとえば，運動会の徒競走スタート直前の小さな子供の映像や，戦場に赴く兵士の映像，剣道の試合直前で緊張した選手の映像が流され，それに合わせて心音の音量が調整されます。具体的には，緊張感の高い場面では音量が大きくなり，そうでない場面では音量が小さくなるように調整されます。そして，映像を見ている時には気がつかないくらいの大きさで椅子が自身の鼓動に合わせて振動します。

このようなプロセスの中で，体験者は自身の心音を聞きながら映像を見ているうちに，心音が自分自身のものなのか，それとも映像の中の緊張している人のものなのかだんだん区別がつかなくなり，映像の中の人の緊張が伝わってきているような感覚になることを，この作品では意図しました。私たちは，心音をはじめ，身体から発せられる音や振動を感じると，発した人の感情に共感したり，その意図を推定し

図 3-6　安藤英由樹＋渡邊淳司＋佐藤雅彦「心音移入」
("The Definition of self" Directed by Masahiko Sato, 21_21 DESIGNSIGHT, 2010)

てしまいます。早足の足音が聞こえたら，その人は何か焦っている
のだろうかと想像し，速い鼓動を手の上に感じたら，その心臓の主は
緊張しているのだろうかと想像してしまいます。「心音移入」の場合，
心音は自分のものか他人のものかほとんど区別ができないということ
から，逆にそれを通して，映像の中の人へ共感を引き起こすきっかけ
となっているのです。このように触／身体感覚の特徴である「実感」
や「情感」は，人と人の関係性を変化させるきっかけとなるものだと
言えます。

ソーシャル・ハプティクス

　続いて，「質感」「実感」「情感」といった触／身体感覚の特徴がも
たらす社会的価値について考えます。これまでの触／身体感覚の技術
の多くは，リアルに触覚情報を伝達することを追求しており，それは

バーチャルリアリティなどの分野で産業応用の対象となりつつあります。そして，さらに近年では，通信技術の発展により，ネットワークを介して多人数に触覚を提示する試みも行われています。今後，触／身体感覚は，多くの人と人の間や社会との関わりの中で価値を生み出していくでしょう。具体的には，大きく三つの応用分野があると考えられます（図3-7）。

一つ目の分野は，「質感」と「情感」に関連し，感覚刺激によって相手に意思や感情を伝える，コミュニケーションのための触／身体感覚の伝送です。私たちが属している社会，特に都市においては，日常でも多くの見ず知らずの人と生活を送るようになり，コミュニケーションにおいて身体接触はほとんど行われなくなりました。そのような環境のなかでは，情報化された触／身体感覚は言語外で感情を伝える一助になるでしょう。たとえば，スマートフォンなどで操作するSNS上のテキストチャットにシンプルに振動を付与するだけでも，その言葉に感情的な装飾をすることができます。また，身体接触がはばかられる新型コロナウィルス感染症（COVID-19）流行下においても，人と人の共感的な関係性を醸成し，身体性が希薄なことを一因とする様々な問題を解決する一つの方法となるかもしれません。

二つ目の分野として，「実感」と「情感」に関連するライブ・エンタテインメントが挙げられます。ここでライブ・エンタテインメントというのは，スポーツや音楽のコンサートなど，ある特殊技能を持った人が作り出すコンテンツがあり，それを大人数の人が場を共有して鑑賞する体験のことを指します。ライブ・エンタテインメントの会場では，触／身体感覚を伝えることにより，目の前で行われるコンテンツの緊張感や迫力を直接的に感じることができますし，コンテンツメイカー（スポーツ選手やアーティスト）と会場内に集まった人々の場の一体感をより強めます。

三つ目の分野として，「質感」と「実感」に関連するエンパワーメント（Empowerment），つまり人間の能力支援が挙げられます。たと

えば，触／身体感覚は，直感的に人を目的地に誘導したり，目の見えない人へのナビゲーションにも利用することができます。また，振動によるサポートは，歩行の安定化やダンスなど，身体的な技術の習得においても大きな助けになります。

　以降，それぞれの分野について私が関連したプロジェクトを紹介します。

図 3-7　触／身体感覚の特徴によって生み出される社会的価値
（コミュニケーション右から）：鼓動の触感を交換する，振動だけのコミュニケーション，テキストメッセージへの振動の付与，（エンタテインメント左から）：バーチャルリアリティに触覚を付与，映像と同期した触覚コンテンツ，ライブ・パフォーマンスでの心拍配信，（エンパワーメント上から）：振動によって歩くリズムの安定化，画面に触れることによる学習，振動による方向ナビゲーション

コミュニケーション

　コミュニケーションについては三つのプロジェクトを紹介します。一つ目は触／身体感覚のみによるコミュニケーションを体験するために制作された「振動電話"ふるえ"」（図 3-8）です。このシステムでは，2 人の体験者がそれぞれ腹側と背中側に振動装置の付いたベルトを装着して，公衆電話ボックスの中に入ります。このとき二つの電話はつながっていて，一方の人が公衆電話の番号ボタンを押すと，相手のお腹と背中に「ズキューン」「グサッ」「ピュン」といった，オノマトペで表された身体に突き刺さり貫通するような振動が送られます（文献[23]）（文献[24]）。振動の種類は 1 から 9 のプッシュボタンの番号に対応して 9 種類あり，ボタンによってそれぞれ違った振動が相手に伝わります。この 9 種類の振動はオノマトペによって表されていますが，図 3-1 のオノマトペ分布図にあった触感を表す代表的な第一子音を使用しています。「ズキューン」は，ザラザラで使われるような粗い印象を表すザ行の子音と運動感を表す長音（伸ばす音）を使用しています。「グサッ」や「ゴゴゴォ」は，ゴツゴツなどで使われる強い衝撃を表すガ行の子音を使っています。「ツン」の音は細かい印象，「モコモコ」のモの音はやや丸みを帯びた印象を表します。「パーン」「ピュン」「プニィ」といったパ行の子音はやや軟らかい印象があり，「ベチャー」のバ行は粘り気のある印象です。このように，振動を作成する際には，触感のオノマトペの音のバリエーションから突き刺さる振動のバリエーションを決定しました。

　また，2 人でこの振動を交互に送りあっていると，振動コミュニケーションによって，だんだんと「通じ合う」ためのルールが生まれてきます。一般に「通じ合う」という感覚は，他者からの応答があって初めて生じるものといえます。たとえば，普通の音声通話の電話では，「モシモシ」という問いかけを何度繰り返したとしても，それだ

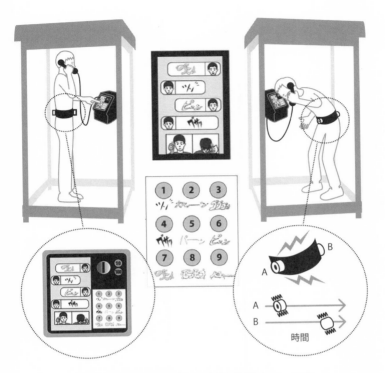

図 3-8　「振動電話 "ふるえ"」体験イメージ図

制作：NTT コミュニケーション科学基礎研究所
企画：渡邊淳司（NTT コミュニケーション科学基礎研究所）
機材協力：NTT 東日本 千葉事業部
制作協力：福田芳巳（NTT ネットワークサービスシステム研究所），安藤英由樹（大阪大学）
コンテンツ協力：澤井妙治（Sound & Frequency Design），浦川通（プログラマー，Qosmo），西田セルジオ（アートディレクター，TWOTONE），浅野直之（アニメーター）

けでは「モシモシ」という発話行為が「電話の向こうの相手に呼びかける言葉」という意味を帯びることはありません。その呼びかけに対して，「ハイハイ」という返答があってはじめて，「モシモシ」は呼びかけ，「ハイハイ」は返答として意味を持つようになります。このよ

うな問いかけと応答があってはじめて「通じ合う」感覚が生じるのです。

　また，スマートフォンなどで使用されているテキストメッセージアプリでは，顔文字やスタンプだけでも会話を行うことができますが，この振動電話も同じように，振動のやりとりだけで受け手は送り手の意図を推定し，何らかの振動を送り返し，通じ合うことが可能であることを示唆しています。実際，「A さんが B さんに遅刻したことを振動のみによって謝罪する」という状況を決めておいて，振動によってコミュニケーションを行うと，特に言葉のやり取りをしているわけではないのに，その中でなぜか笑いが生まれたりします。笑いは，背景を共有し，通じ合う感覚なしには生じることはありません。触／身体感覚によるコミュニケーションは，詳細な情報を伝えることができませんが，その意図や感情を豊かな情感をもって伝えあう一つの方法論として成り立つ可能性があります。その方法論は視覚や聴覚に障がいを持つ方とのやり取りへ応用することもできるでしょう。

　コミュニケーションの二つ目のプロジェクトは，2018 年 10 月 13 日〜 11 月 18 日，東京初台の NTT インターコミュニケーション・センター［ICC］での特別展「"感じる"インフラストラクチャー　共感と多様性の社会に向けて」展で展示された「＋ 3 人称電話」（図 3-9）というコミュニケーションシステムです。このシステムでは，受話器と画面のついた公衆電話型の装置が二つ設置されています。2 人の体験者それぞれが受話器を手に取ると，相手の人と音声を通じて会話をすることができます。さらにそのとき，装置の間の壁に埋め込まれたカメラが体験者の話す様子を横から撮影し，リアルタイムで背景から切り抜いて装置の画面に相手と合成して表示します。このシステムは，お互いが話をする様子を第三者の視点から観察しながら会話を行うことができる，新しいコミュニケーションを実現した展示です。体験者は言葉を通じて相手と会話するだけでなく，ジェスチャーなど身体感覚でのコミュニケーションを同時に行い，会話とジェスチャーの違いやそれぞれの特性に気がつくことになります。

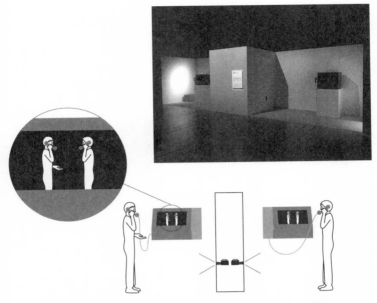

図 3-9　「＋ 3 人称電話」展示の様子と体験イメージ図

全体制作：NTT サービスエボリューション研究所＋ Dentsu Lab Tokyo
企画ディレクション：渡邊淳司（NTT コミュニケーション科学基礎研究所）
企画プランニング：千明裕, 柿沼弘員, 宮下広夢（NTT サービスエボリューション研究所）／村上友規（NTT アクセスサービスシステム研究所）／山下遼, 浦川通（Dentsu Lab Tokyo）
企画プロデュース：高野公寛, 菅井朋香（Dentsu Lab Tokyo）／松井龍也（NTT サービスエボリューション研究所）
企画監修：木下真吾（NTT サービスエボリューション研究所）／菅野薫（Dentsu Lab Tokyo）
制作テクニカル・ディレクション, エンジニアリング：山下遼（Dentsu Lab Tokyo）
任意背景被写体抽出技術：柿沼弘員, 宮下広夢（NTT サービスエボリューション研究所）
制作協力：福田芳巳（NTT ネットワークサービスシステム研究所）／山田晋作（NAKED Inc.）

　コミュニケーションの三つ目のプロジェクトは, 2019 年 11 月 12 日〜 12 月 15 日に同じく ICC で開催されたリサーチ・コンプレックス NTT R&D @ICC 拡張展示「コミュニケーションの再考」での体験型展示「公衆触覚伝話」です。「公衆触覚伝話」は, 従来の映像（視覚）

と音声（聴覚）のビデオ通話に振動（触覚）を加えることで，新たなコミュニケーションのあり方を探る実験装置です。このシステムでは，図 3-10（上）のように，装置の前に座ると正面から手元まで伸びた湾曲したアクリルのスクリーンがあり，カメラで撮影された相手の姿が映し出されます。それに加えて，スクリーンの手元部分の触感が相手

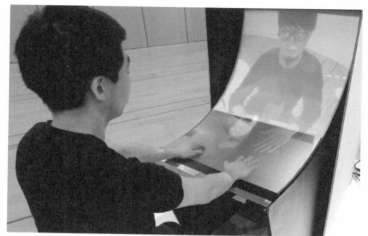

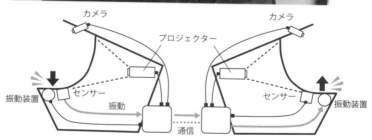

図 3-10 「公衆触覚伝話」（上）体験の様子，（下）システム構成イメージ図

企画：渡邊淳司，鎌本優（NTT コミュニケーション科学基礎研究所）
制作協力：大脇理智／石川琢也（山口情報芸術センター［YCAM］），南澤孝太／早川裕彦（慶應義塾大学大学院メディアデザイン研究科），田中由浩（名古屋工業大学）

64

のスクリーンの手元部分に振動として伝わります。たとえば，手元を
トントンと叩くとその映像と振動が相手の手元にリアルタイムに届き，
手元でローラーをゴロゴロと転がすと相手にそこでローラーが転がさ
れたかのように重たく硬い触感が伝わります。相手が目の前にいるこ
とを触覚的にも感じることができる体験は「存在感」を伝送するもの
とも言えるでしょう。

　振動の伝送は，図 3-10（下）にあるように，手元スクリーンの裏に
装着されたセンサーと振動装置によって行われます。構造としてはシン
プルですが，センサーと振動装置がハウリングを起こさない仕組み
や振動装置一つで相手からの振動を空間的に感じさせる構造等，さま
ざまなノウハウが埋め込まれています。展示期間中には，東京の ICC
の端末と山口の山口情報芸術センター［YCAM］に設置された別の
端末をつなげて長距離での伝送実験も実施しました。そこでは映像と
振動を伝えることで自然発生的に始まる新しい “あそび” が数多く生
まれました。たとえば，ゴルフボールや卓球のボール，発泡スチロー
ルの玉等，質量の異なる 3 種類のボールをそれぞれ紙コップに入れて
中でグルグルと回転させ，触覚を頼りに中身を当る “触感当てクイズ”。
手の形に添ってボールペンや鉛筆で線を引いてもらう “触感ドローイ
ング”。振動と視覚効果が相まって，むずがゆい感覚が生まれます。

　ここまで「振動電話 “ふるえ”」「＋ 3 人称電話」「公衆触覚伝話」
の紹介をしてきました。これらに共通する触／身体感覚のコミュニ
ケーションの価値は，テクノロジーが生まれる前には誰もが持ってい
た人と人の身体的な関係性を，もう一度，別のやり方で再構築する体
験を提供することにあると言えます。

エンタテインメント

　次に，エンタテインメントで触／身体感覚が使われた例として，映
像・音声と触／身体感覚を合わせて提示する「触感 TV」（図 3-11）を

図 3-11 「触感 TV」体験イメージ図

制作：NTT コミュニケーション科学基礎研究所
企画：渡邊淳司，鎌本優（NTT コミュニケーション科学基礎研究所）
触覚技術協力：慶應義塾大学大学院メディアデザイン研究科 Embodied Media Project
制作協力：Whatever Inc.

紹介します。体験者はソファーの上に座り，クッションをお腹の上に抱いて，テレビのチャンネルを変えるように触感付きの映像・音声コンテンツを鑑賞します。この時，ソファーとクッション，さらにリモコンに振動する装置が組み込まれており，映像や音声に合わせて振動します。たとえば，花火が打ち上がる映像に対して，少し遅れてソファーやクッションが震えることで，花火の振動が画面の向こうから空気を伝わってきているような臨場感を感じることができます。また，ドキュメンタリー映像の中でお腹の中にいる赤ちゃんの心拍に合わせてクッションが振動したり，鳥が飛び立つ映像に合わせて手に持つリモコンが震えることで，映像に深く没入した感覚を作り出すことができます。

　モニターやテレビに映し出される映像で伝えられる情報というのは，裏を返せば，自分の目の前ではなくどこか別の場所，自分とは関係のない場所で起きていることを意味します。映像の中の情報が，自分に身体的な危害を加えたり，もしくは抱きしめてくれたりすることはありません。つまり，自分が身体的に反応する必要のない情報だと言えます。しかしながら，その映像が触／身体感覚と共に提示されたとき

66

には，映像の中の花火の振動がお腹まで届いているように感じたり，動物が手の上に現れたように感じたり，身体的に反応しなくてはいけない情報となるでしょう。もちろん，このような触／身体感覚を利用したコンテンツは，「触感TV」のような，自分からチャンネルを変えて楽しむ形態だけでなく，一定時間かけてじっくり一つのコンテンツを鑑賞する形態も含まれるでしょう。

　また，触／身体感覚を提示するデバイスもソファーやクッションだけでなく，床全体が震えるといった大規模な形での実現も可能です。図3-12はスケートボード選手がランプ（半円形のパイプ状設備）の上をスケートボードで滑走している触感を感じるシステムです。2019年7月20日〜8月25日にICCで開催されたICC キッズ・プログラム 2019「見る，楽しむ，考える　スポーツ研究所」にて「見えないスケートボードの存在感」というタイトルで展示されました。制作においては，実際にスケートボード選手がランプを滑走している様子を映像で記録すると共に，スケートボードの車輪とランプの接触によって生じるランプの板の振動を記録しました。そして，展示場ではランプの底面裏側に振動装置を取り付け，記録した振動を映像と合わせて再生するということを行いました。体験者はランプに手で触れたりランプの上に座ったりすることで，あたかもそこでスケートボーダーが滑走しているような感覚を感じることができます。展示ではランプが2つ用意され，片方のランプの上の映像に映っていたスケートボーダーが滑走し，逆側のランプに現れるまでの動きを振動のみによって感じました。それは，あたかもランプとランプの間を見えないスケートボーダーが移動しているような体験になりました。

　そして，このような触覚と映像の同期によるエンタテインメントは，遠隔地からのリアルタイム中継や，視覚的に観察可能でも音声は届かない距離からのイベントの鑑賞体験でも実現することができます。実際，2019年8月10日には，大阪淀川で行われた「なにわ淀川花火大会」に合わせて，淀川の花火会場で記録された音声や振動が約7.5キロメー

図 3-12 「見えないスケートボードの存在感」体験の様子

企画：渡邊淳司（NTT コミュニケーション科学基礎研究所），林阿希子（NTT サービ
スエボリューション研究所）
制作協力
　クリエイティヴ・ディレクター：藤原慎哉（Whatever Inc.）
　エンジニア／ハプティック・デザイナー：渡島健太（Whatever Inc.）
映像制作：4-3-3 INC.
映像出演：佐々木玲司（AJSA 公認プロスケーター）

トル離れたあべのハルカス展望台までリアルタイムに伝送され，そこ
で，花火を肉眼で見ながら花火の音と振動が体験できるイベントが実
施されました。このように，映像と触／身体感覚の計測，伝送，提示
が結びつくことで，遠くにいる体験者にも高い臨場感を引き起こすエ
ンタテインメントが実現されるでしょう。

「触感 TV」はあらかじめ作りこまれたコンテンツを体験すること
が主でしたが，花火大会の振動伝送のように触／身体感覚がリアルタ
イムに伝送されるライブ・エンタテインメントの設計論についても
考えてみましょう。図3-13にあるように，ライブ・エンタテインメ
ントの会場では，目の前にコンテンツメイカー（スポーツ選手やアー
ティスト）が実際に存在しているという感覚（「共場体験」：本書での造
語）が重要になります。共場体験の場にいたいという欲求が，何より
スタジアムやコンサート会場に足を運ぶ動機だと言えるでしょう。こ
の時，コンテンツメイカーと会場の鑑賞者が何らかの通信でつながれ
ていたとすると，触／身体感覚を使った演出も可能になります。たと
えば，ステージ上でアーティストが何らかの動作によって生み出した
触感を鑑賞者に送ることができたり，さらに WiFi などを使うことで，
鑑賞者の座っている位置によって異なる触感を送るといった演出が可

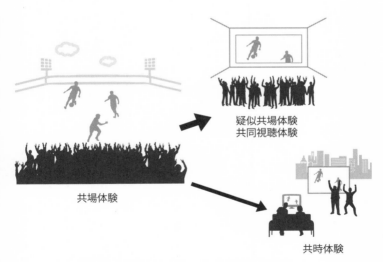

疑似共場体験
共同視聴体験

共場体験

共時体験

**図3-13 ライブ・エンタテインメントの伝送と
触／身体感覚がもたらす体験**

能になります。また，通信の双方向性に着目すると，鑑賞者がスマートフォンに触れるなど触／身体感覚による入力を送ることで，ステージ上に何らかの影響を及ぼす演出も可能であり，目の前のコンテンツメイカーとつながっているという感覚をより強くすることができるでしょう。

　また，ライブ・エンタテインメントにおいては，その様子を遠隔地にリアルタイムに伝送することも行われてきました。たとえば，スポーツ選手のパフォーマンスの様子を，映像や音声だけでなく，触／身体感覚情報を含めて伝送することで，疑似的な「共場体験」を作り出し，その迫力や盛り上がりを遠隔地に生み出すことができます。メインコンテンツの会場に行けなくても，メインコンテンツの会場から送られてくる映像とともに，床の振動といった会場の空間的な情報が送られてくることで，会場との疑似的な「共場体験」は強度を増すでしょう。さらに，2019年のラグビーワールドカップ2019日本大会がそうであったように，近年はライブビューイング，パブリックビューイングというように，リアルタイムで伝送されるエンタテインメントを，遠隔地で多くの人が集まって鑑賞するイベントが盛んに行われています。疑似的な「共場体験」だけでなく，誰かと一緒に共感しながら鑑賞する「共同視聴体験」は，いつでもどこでも他者と情報的につながることが可能になった現代だからこそ価値を生み出す触／身体感覚の体験であり，それをサポートするような触／身体感覚のシステムを開発することも重要な課題となります。つまり，コンテンツメイカーと鑑賞者の関係性だけでなく，鑑賞者同士をつなぐ触／身体感覚にも注目すべきだということです。

　さらに，ライブ・エンタテインメントはどこかに出かけるのではなく，家で鑑賞することも考えられます。その場合は，コンテンツをリアルタイムで視聴しているという「共時体験」が重要であり，映像の中の何らかのイベントと触／身体感覚の同時性を強調する仕掛けが必要となるでしょう。このようにライブ・エンタテインメントにおいて

は，どこで鑑賞するかによって体験の質が異なり，それに合わせた触
/身体感覚情報が付与される必要があるということです。

エンパワーメント

　触/身体感覚が持つ社会的価値の三つ目としてエンパワーメントに
ついて述べます。一般にエンパワーメントとは「能力開化」や「権限
付与」と訳され，個人や集団の潜在能力が引き出されるような状況を
作り出すことを言います。もともとは，20世紀にアメリカで起こっ
た市民運動や先住民運動などの中で提唱された概念で，力や権限を与
えることが，結果的に個人の自律性を促し，能力を開花させると考え
るもので，現在では，福祉，教育，人材開発といった分野でも使用さ
れています。認知科学や情報科学の分野ではあまり使われませんが，
ここでは言語によって直接的に指示するのではなく，触/身体感覚の
刺激によって，ユーザーを動機づけ，自律的な行動変容を促し，その
潜在能力を発揮するきっかけをもたらすという意味で，触/身体感覚
の価値としてエンパワーメントを挙げています。

　その具体例として，身体的な行動を促すプロジェクトを三つ挙げま
しょう。まず，人の最も基本的な身体動作である歩行を安定化するプ
ロジェクトを紹介します（文献［25]）。「Pace-sync Shoes」は，靴底
にある圧力センサーで歩行状態を計測して，それに合わせて足の甲に
装着された振動モーターで触覚刺激を与えることで，歩行周期の誘
導を行う靴型のデバイスです。図3-14のように，サンダル型のデバ
イスの靴底には五つの圧力センサーがあり，その圧力変化で歩行状態
を計測します。たとえば，歩行では踵から地面に着くので，接地にあ
たってまず番号1の圧力センサーの値が大きくなり，その後，だんだ
んつま先方向のセンサーの値が大きくなり，最後に足を蹴り出す時に
番号5のセンサーの値が大きくなります。歩行はおよそ，1秒周期で
同じ足を踏み出すので，1秒ごとに圧力センサーにパターンが現れる

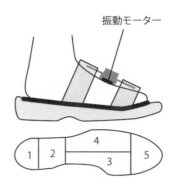

振動モーター

図 3-14　靴型歩行周期誘導インタフェース「Pace-sync Shoes」

ことになります。「Pace-sync Shoes」では，計測したデータから踵が
接地するタイミングに合わせて足の甲に振動を与える（もしくは，少
しだけずらして振動を与える）ことで，歩行を一定の周期に誘導し安定
化させています。

　人間の感覚と運動の結びつきとして，マーチの音楽を聴いていると
自然にそのリズムに合わせて歩いてしまうというような，周期的な感
覚入力に対して意識下で身体運動を同期させる「引き込み」と呼ばれ
る現象があります。「Pace-sync Shoes」では，それを利用して歩行周
期を誘導しています。視覚や聴覚からの刺激だと，歩行中の情報取得
を阻害してしまう可能性があるので，触覚によって刺激することは歩
行運動とも相性のよい刺激方法だと考えられます。また，歩行周期を
変化させる刺激の設計では，ユーザーが無理なく歩行周期を合わせら
れる範囲を検討しました。その結果，100 〜 150 ミリ秒程度なら，ユー
ザーの平均的な歩行周期を遅くしたり，速くしたりすることが可能で
あることがわかりました。

　「Pace-sync Shoes」は，外部からの強制的な力によって運動の周期
を変化させるのではなく，人間が持っている「引き込み」と呼ばれる

半自動的な現象を利用して運動の誘導を行っています。そのため，ユーザーは感覚入力を無視することも可能です。触／身体感覚は，行動への影響が大きく効率的ではありますが，エンパワーメントという視点から考えたときに，強制的でない刺激を使うことは大事な点だと言えるでしょう。

　次に，エンパワーメントという観点から，目の見えない人と一緒にスポーツ観戦を楽しむ「スポーツ・ソーシャル・ビュー（Sports Social View）」というプロジェクトを紹介します（文献［26］）。ここで行ったのは，スポーツを観戦する時に，晴眼者が目の見えない人に対してスポーツを別の身体的な動きに変換して伝えるというものです。たとえばテニスの観戦の場合，図3-15（上）のように，向き合って座る晴眼者と目の見えない人の間にダンボール板を渡し，目の見えない人は板に手を置きます。そして，晴眼者は板をテニスコートだと想定し，テニスの試合映像を見ながらプレーヤーが球を打った位置にあたる板上の位置を手で叩きます。2人はテニスコートのネットを結ぶ位置に座っているので，ラリーが続くと，右，左と順に板を叩くことになりますが，興味深いことに目の見えない人も，右，左と首を動かして，あたかも球の動きを追っているような状態になります。

　また，柔道の観戦では，図3-15（下）のように，晴眼者2人が手ぬぐいの両端を持ち，目の見えない人が手ぬぐいの中央を握ります。2人の晴眼者は映像の中の柔道選手2人のうちそれぞれの担当を決めて，その動きに合わせて手ぬぐいを引っ張り合い，動きの速さ・強さを表現します。試合が決まった時には勝者がわかるように手を挙げます。柔道はお互いの襟や袖を取り，技を掛け合う競技ですが，その力の駆け引きが手ぬぐいの引っ張り合いに変換されています。

　このプロジェクトでは，試合内容を正しく「伝える／受け取る」ことで目の見えない人をサポートするという発想ではなく，私たちが共通に持っている触／身体感覚に着目し，晴眼者と目の見えない人がそれぞれ役割を果たしながら，スポーツ観戦を「一緒に楽しむ」ことを

図3-15　スポーツ・ソーシャル・ビュー
（上）テニスの観戦体験の様子，（下）柔道の観戦体験の様子

リサーチ：伊藤亜紗（東京工業大学），林阿希子（NTTサービスエボリューション研究所），
　渡邊 淳司（NTTコミュニケーション科学基礎研究所）
研究協力：難波創太（鍼灸師）

行っています。試合内容を正確に身体の動きに変換し，目の見えない
人に伝えるだけでなく，そこに人が介在することで生じる様々な揺ら
ぎや思いもよらない反応も，このプロジェクトにおける醍醐味です。

まさに，情報を記号的に正しく伝えることよりむしろ，当事者の心が動き，想像を膨らませ，身体が動いてしまう表現を生み出すことを行っているのです。

エンパワーメントの三つ目のプロジェクトとして，視覚障害者5人制サッカーの観戦において，試合観戦の盛り上がりを晴眼者と目の見えない人とで共有する「WOW BALL」を紹介します（文献[27]）。まず，視覚障害者5人制サッカーとは，1チームが何らかの視覚障害を持つ4名のフィールドプレーヤーと目が見えてもよいゴールキーパー1名で構成され，一部修正したフットサルのルールに則って行われます。大きな特徴として，フィールドプレーヤーはボールの位置を視認することができないため，そのボールは転がると音が出る特別なボールを使用します。また，敵陣ゴール裏に「ガイド」と呼ばれる役割の人が立ちます。そのためプレー中は，ボールの音やガイドからの指示が聞こえるように観客は声を出さずに見ることが求められます。つまり，視覚障害者5人制サッカーの観戦では，プレー中は静まり，点が入った瞬間に大きな歓声が沸き起こるということになります。また，試合の実況もプレー中は会場内に音声を流すことができないため，FMラジオ等で各観客に届けられます。

視覚障害者5人制サッカーはプレーヤーが目の見えない人であると同時に，目の見えない人が観戦することがあります。そのときに生じる問題として，実況を通して試合内容を把握できたとしても，周りの観客と盛り上がりを共有することができないということがあります。一緒に応援に来たとしても，隣にいる人が喜んでいるのか悲しんでいるのかわからないということです。プロジェクトではそれを簡単なデバイスによって解決できないかと考えました。

デバイスというのは「WOW BALL」と名付けられた，空気の入った2つのボールがチューブによって繋がれたシンプルな装置です（図3-16）。これには，片方のボールを強く握ると，もう片方のボールに空気が送られボールが膨らむという特徴があります。「WOW BALL」

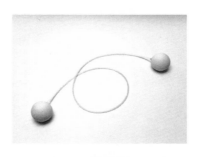

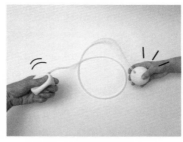

図 3-16 「WOW BALL」

企画：渡邊淳司（NTT コミュニケーション科学基礎研究所）
リサーチ：林阿希子（NTT サービスエボリューション研究所）
デバイス着想：粂野晃希（北海道立総合研究機構）
デバイス構成：吉田知史（of Sheep inc.）
実施運営：パラスポーツラボ
実施協力：日本ブラインドサッカー協会

の使い方は，晴眼者と目の見えない人がそれぞれ1つずつボールを握って試合を観戦します。晴眼者は試合状況に合わせて，気持ちが盛り上がった瞬間にボールを強く握ります。そうすると目の見えない人が持つもう1つのボールが膨らみ，目の見えない人の手に生々しい感覚が伝わります。晴眼者が速く強く握れば，ボールも速く強く膨らみリアルタイムに興奮や盛り上がりが伝わるのです。晴眼者が手に汗握る状況を「WOW BALL」を通して目の見えない人に直感的に伝えようということです。このプロジェクトでは，2019 年 7 月 7 日第 18 回

アクサ ブレイブカップ ブラインドサッカー日本選手権，同年12月8日ブラインドサッカー チャレンジカップ2019において，それぞれ2名の目の見えない観戦者にテスト体験してもらいました。観戦では，目の見えない人は受動的に感じているだけでなく，「今どんな感じ？」といった実況から感じたことをボールを軽く押すことで問いかけたり，2人の応援の拍子がいつの間にかできてしまったりと，晴眼者との触覚を通じたコミュニケーションが生まれていました。

　本節で紹介した「Pace-sync Shoes」「Sports Social View」「WOW BALL」という三つの取り組みは，エンパワーメントという言葉が示すように，触／身体感覚を受ける側が単なる受け手となるのではなく，自身の身体で主体的に反応する余地が必ず残されています。「Pace-sync Shoes」は歩行周期の変更を強制するのではなく，靴からの刺激を無視したり自分で歩行の周期を調整することができます。「Sports Social View」では目の見えない人は受け手ではなく試合観戦の共同行為の中に巻き込まれています。「WOW BALL」では受け手からの問いかけや新しいコミュニケーションの方法が生み出されていました。このように，触／身体感覚は直接的に身体に影響を与えるからこそ，受け手にも選択の可能性やコミュニケーションのチャンネルを残した上で関係性をデザインする必要があるのです。

クロスモーダル

　ここまでコミュニケーション，エンタテインメント，エンパワーメントの分野において触／身体感覚がもたらす価値について述べてきました。しかし，これらを実現するためには，振動スピーカーなど触覚提示デバイスが必要でした。残念ながら，視覚におけるモニター，聴覚のスピーカーに対応するような，汎用的な触覚提示デバイスが利用可能にはなっていない現在，一つの考え方として触覚デバイスを使用することなく，既存のモニターやスピーカーで疑似的に触／身体感覚

提示を実現することも考えられます。そのような疑似的触／身体感覚提示の方法論を「Pseudo-haptics」と言います。たとえば図3-17（左）のように，マウスでパソコンを操作しているときに，データ処理の負荷などによってカーソルの動きが突然遅くなることがありますが，このときマウスを動かす手が「重い」と感じることはないでしょうか。ここで起きていることは，ユーザーの手で動かされるカーソルの動きが単純に「遅く」なっただけですが，カーソルの視覚情報の変化が自分の手の動きと関連付けられ「重い」という触感として認知されたということです。「Pseudo-haptics」は，2000年頃に海外のコンピュータインタフェース研究の中で多く取り上げられるようになり，現在は日本でも多くの応用研究が行われています（文献［28］）。

　ここで，「Pseudo-haptics」がどうして起こるのかを簡単に説明します。説明には「センス・オブ・エイジェンシー（Sense of Agency，以下 SoA）」という概念を用いるとわかりやすいので，この概念についても説明します。SoA は「自己主体感」などと訳されていて，自分が「エイジェント（Agent，自分の代理）」を通して何かを自分の意図通りに操作している感覚を指します。自分の手は最も馴染み深いエ

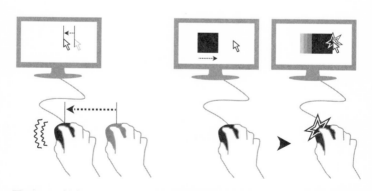

図 3-17　（左）マウスカーソルの動きの変化によって感じる疑似触覚，（右）視覚映像がマウスカーソルに衝突することで感じる疑似触覚

イジェントであり，トンカチや車といった道具や，意図通りに動く画像であるマウスカーソルもエイジェントと言えます。SoA を感じるためには，自分が動かそうとしたときにそのエイジェントが意図通りに動くことが重要であり，たとえば，自分の手を動かしたら遅れなくその通りにマウスカーソルが動くことで，カーソルに SoA を感じるようになります。そして，重要なこととして，自分が対象を操作できているという感覚である SoA は，逆に操作対象のエイジェントに何かが起こると，それが視覚的な現象であったとしても，自分の身体感覚に関連付けられて理解されるのです。つまり，手の動きと同期していたカーソルの動きが突然遅くなると，何かに引っ掛かったとか，カーソルが急に重くなったという身体感覚として解釈されるということです。また，この現象は，図 3-17（右）にあるように，動いていた対象（図では黒い四角形）がカーソル（エイジェント）に対して衝突したかのようにスピードを変化させると，そのときにも対象が衝突したような身体感覚を感じます（文献 [29]）。これは，エイジェントがカーソルではなく指であった場合も同様で，指を画面上に置いて，その周辺で何かが衝突したように映像を変化させると，擬似的な触／身体感覚をつくりだすことができます。

　「Pseudo-haptics」がエンタテインメントへ応用された好例として，2015 年 6 月に発表された，歌手 安室奈美恵の楽曲『Golden Touch』のミュージックビデオ（MV）が挙げられます。画面に指で触れることで擬似的な触／身体感覚を感じることができる画期的な MV となっています。『Golden Touch』とは，「触れるものすべてを別のものに変えてしまう力」を意味し，まさに，視聴者は画面に指で触れることで映像を「触感」に変える体験をすることになります。

　MV で触感を体験するには，まず画面中央の印に指を置きます。次いで，音楽が始まるとともに，指に向かって風船が近づいてきて，指のところでパーンと割れるのです。映像だけ見ていると，ただ風船が動いて割れるだけですが，画面に指を置いていると，あたかも風船が

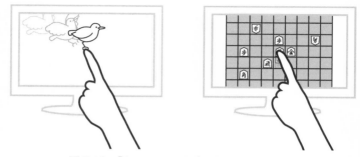

図 3-18 「Golden Touch」の MV での演出例

指にぶつかって割れたような疑似触感が生じます。MV では，風船だけでなくレコードをスクラッチしたり，ボタンが押されてライトが点いたり，様々な「触感」を感じることができます。その効果は，一度目は画面に触れて，二度目は触れずに鑑賞するとはっきりとわかるでしょう。インタラクションという点では，小鳥が指に飛んでくるシーンが印象的です。小鳥の足の爪の鋭さが描かれることによって，指先に小さな細い尖ったものが触れたような感覚が生じます（図 3-18（左））。また，どのように映像が動くかという点では，将棋の駒を動かす場面のコンテンツが興味深いです。将棋の駒に指を置いて駒を押す感覚を作るために，図（駒）と地（将棋板）がうまく整合性をもって動いており，より自然に疑似触感を感じさせています（図 3-18（右））。

　このようにクロスモーダルの特性を利用することで，既存の視覚提示装置だけで疑似的な触／身体感覚を作り出すことができます。もちろん，その応用はエンタテインメントに限らず，テレビ会議の映像の中に何らかのビジュアルを挿入することでコミュニケーションを促進したり，身体感覚にうったえかける音を利用して運動を補助するエンパワーメントにも使えるでしょう。触覚提示のデバイス開発と共に，クロスモーダルは触／身体感覚のデザインの広がりに重要な役割を担うでしょう。

言語表現

　最後に，触／身体感覚自体のデザインとはやや離れますが，「肌感覚でわかる言葉」，「腑に落ちる言葉」といった実感と関わる言語表現について触れて本章を終えたいと思います。ここでは，特に数字の実感に関する言語表現について取り上げます。

　一つ簡単な例から考えてみましょう。たとえば，自分の住んでいる町が縦と横，それぞれ 1 キロメートルの大きさと言われたら，どのように感じるでしょうか。計算すると 1 平方キロメートルの面積ということになりますが，どのくらいの大きさか肌感覚でわかるでしょうか。よく使われる東京ドーム○○個分で言うと 21 個分ということになりますが，それはどれだけ実感にあった言い方でしょうか。もし，各辺が歩いて 15 分の正方形，1 周 1 時間の町ですと言われたら，どうでしょうか。1 時間で歩けるのか，歩いて回るには少し大きいけど，もし自転車だったらすぐに回れる町だなとか，身体との関係で町の大きさを表してみると 1 平方キロメートルという広さを実感することはできないでしょうか。

　そもそも，なぜ数字に実感が湧かないのでしょうか。それは，数字は記号であり，それが表される意味（数の量）と乖離があるからです。たとえば，漢字で「一」という一本の線は，何かが 1 あることを意味します。また，「二」や「三」も同じく，漢字の線の数と意味が一致し，漢字を知らない人でも直感的に理解できます。しかし，「四」という漢字は，これを見ただけでは何の数を意味するのか，直感的には理解できません。「四」という文字と何かが 4 あるという意味の間には，必ずしも感覚的なつながりがあるわけではありません。さらに，もっと大きな数字になると，「百」という漢字と何かが 100 あるということ，「万」という漢字と何かが 10,000 あるということは，漢字を知らない人にはわかりませんし，その漢字を見て数の大きさを想像するこ

と，たとえば，「百」が100集まって「万」となることは理解できないでしょう。数字という記号があることによって，たくさんのものを指し示すことができるようになりましたが，その一方で，数字とその意味（実感）との間には乖離が生じてしまっているのです。

　では，どのようにその記号と意味の乖離を乗り越えることができるでしょうか。数字を身体的に理解する試み自体は長い歴史があります。そもそも，長さや重さの単位は人の身体の大きさをもとに計測されていました。東アジアで多く使われていた「尺」という単位は，親指と人差し指をいっぱいに広げた時の大きさで，およそ20センチメートル程度を表し，親指と人差し指を交互に動かして1尺，2尺，3尺と長さを計測していました。ただし，この単位は「身体尺」と呼ばれ，それぞれの人の身体サイズによって異なるものでした。もちろん，人によって長さが異なるのは不便も大きく，国が一つの尺度を用意するようになり，ユニバーサルな物差しが定義され，数字が身体感覚から少しずつ離れていきました。これは，数字は正確かつ，誰にとっても同じように伝わらなければならないという，現代社会の要請でもあります。だとしても，数字を自分にとっての意味に置き換えて理解することは，いつの時代になっても必要なことだと言えます。

　もう少し大きな数字についても考えてみましょう。たとえば，私がアップロードしたYouTube動画の再生回数が10,000回を突破した，つまり10,000人に見られたとします。それなりの人に見られて誇らしい気分になりながらも，10,000という想像のつかない数に，どこか不安な気持ちにもなります。私はこれまで学会や講演会などで話をするにしても，聴講者は多くて数百人でした。10,000人の前で話をしたことは一度もありません。それはどのような感覚なのでしょうか。自分の友人の顔を思い出してもしっくりきません。もしかしたら，今まで生きた中で挨拶をした人すべてより多いかもしれません。

　それでは，少し違う方向から具体的に想像してみます。10,000人というとおよそ両国国技館がいっぱいになる人数です。満員の両国国技

館のお客さんを前に話をすることを考えてみてください。相撲のテレビ放送で力士が立っている位置に自分の視点を移して会場を見渡すと，どんな感じがするでしょうか。さらに別の考え方をしてみましょう。10,000 を掛け算に分解すると，100 × 100 になります。つまり，縦に100 人，横に 100 人並ぶと，そこには 10,000 人がいることになります。100 人が並ぶには，だいたい 1 人の幅を 50 センチメートルとすると，50 メートル × 50 メートルになります。小学校の校庭でしたら 50 メートル × 50 メートルの四角を描くことができるでしょう。そこに人がくまなく並ぶことを想像すると，実感が湧くかもしれません。

　前述のように，1 平方キロメートルを歩いて 1 周 1 時間の空間と言い換えたり，10,000 人を 50 メートル × 50 メートルの空間に人が密集して立つ人数と言い換えるような，「身体感覚のモノサシ」を使うことで，すぐには実感を持つことができない数字を自身の認知体験や身体感覚を参照しながら理解することができます。ここで述べたような言語表現も，言葉を使って触／身体感覚を呼び起こすという意味で，触／身体感覚のデザインということができるかもしれません。

　言語表現と触／身体感覚についてもう一つ話題を紹介します。小説といった叙述的な文章は，触／身体感覚を生み出すための言語表現とも言えますし，その設計には数多くの方法論が知られています。たとえば，多くの昔話は，下記のような描写が行われます。

1. むかし，むかし，あるところに，（とりあえず時間と場所が設定される）
2. おじいさんとおばあさんがいました。（その場所に 2 人が現れる）
3. おじいさんは，山へ芝刈りに（おじいさんのイメージ，山への道）
4. おばあさんは，川へ洗濯に（おばあさんのイメージ，川への道）
5. おばあさんが川で洗濯していると……

（1）まず時間や空間，状況が設定され，（2）次に人が現れ，（3，4）行動を始め，（5）事件が起こるといった順番で文章が構成されています。それによって，読み手の心の中にだんだんと具体的な状況のイメージが作られていきます。もしこれが，（2）おじいさんとおばあさんが現れた後，（3）でおじいさんの行動を述べずに，いきなり，（4）おばあさんの行動が述べられたらどのように感じるでしょうか。事件はおばあさんの川で起こるわけですが，おばあさんの記述だけが進んだとすると，「おじいさんはどこに行ったんだ？」という疑問を抱えながら読者は話を聞き続けることになります。事件と直接関係なかったとしても，おじいさんの行方をきちんと述べることで，読者は安心しておばあさんの事件について心を傾けることができるのです。つまり，言語によって心の動きを設計する必要があるということです。

　また，文章の順番を変えるだけであったとしても，そこから生まれる心の動きは異なります。以下は私の解釈ではありますが，江国香織さんの小説「熱帯夜」から具体例を挙げます。下記のA（原文）では，1行目に「主人公の行動」が述べられますが，そこに行動の理由は特に書かれていません。読者はなぜだろうという疑問を持ったまま2行目に移ります。そして，2，3行目では「主人公の気持ち（心情）」が描かれ，疑問が回収されつつ，4行目で「環境の描写」がなされます。読者は，主人公の気持ちの余韻が映りこんだ環境を「情景」として読むことができます。では，Bのように文章の順序を変えてみるとどうでしょうか。はじめに行動の理由（心情）が述べられてから，行動が描写されます。その場合，論理的な文章のように，因果関係が示され，事実の記述として特に心に引っ掛かりをつくらずに読み進めることができます。それはそれでわかりやすいのですが，私たちは，何らかの行動を目にしたとき，その心のあり様に関する想像力が掻き立てられ，解消されるという，心動かされる体験に愉しみを感じます。それがBでは生じないのです。AとBは，行動と心情の記述の順序しか違いませんが，それだけで読者の心の動きが異なるのです。

A（原文）

1： 私は，仕事中つけっぱなしにしておく習慣の CD を切り，秋
美の鞄を眺める。

2： 家の中に秋美のいる時間が，私はほんとうに好きだ。

3： 彼女が仕事になど行かなければいいのに，と思う。

4： お風呂場から，威勢のいい水音が聞こえている。

（江国香織「熱帯夜」『号泣する準備はできていた』より）

B（並べ替え）

1： 家の中に秋美のいる時間が，私はほんとうに好きだ。

2： 彼女が仕事になど行かなければいいのに，と思う。

3： 私は，仕事中つけっぱなしにしておく習慣の CD を切り，秋
美の鞄を眺める。

4： お風呂場から，威勢のいい水音が聞こえている。

　本章では，自分事の最たるものである触／身体感覚のデザインについて，実際に私が関わってきたプロジェクトを例に挙げながら，その考え方について述べてきました。近年は，映像や音声に加えて触／身体感覚が計測・伝送・提示の対象となり，それらを合わせて新しい自分事の価値を考える必要が生じてきています。その際には，認知科学と情報科学を統合した視点だけでなく，人と人の関係性自体がどのように変化するかという社会科学の視点や，さらには，数字の身体感覚にあったように，言語との関係も重要になってきます。今後，認知科学の研究，特に触／身体感覚の知見を社会に適用していくためには，情報科学や社会科学との関わりや，ソーシャル・ハプティクスという言葉にあるように，個人と社会を結ぶ視点も必要となるでしょう。

4章 意識下の自分との協働

　ここまで，自分の認知過程の自分事化について（2章），自分事の最たるものである触／身体感覚のデザインについて（3章），述べてきました。これらの章で共通していることは，物事を記号として理解するだけでなく，身体を通して感じること，体験化することが重要であり，それを具体化する設計手法がこれからは必要であるということでした。さらに本章では，触／身体感覚と深い関係にある，人間の意識下の働きについて述べます。私たちの認知過程の中で，意識下の反応は，自分の一部でありながら自分の意識では制御しきれない，自分とは異なる原理で行動／思考する「もっとも身近な他人」だと言うことができます。私たちは意識的に言語によって思考するだけでなく，同じ身体に同居する「もっとも身近な他人」の反応をよく感じ，それとうまく協働することで，新しい想像力・創造力を拓くことができるでしょう。本章では，その視点に基づいて私自身が試行錯誤してきた事例や考え方を紹介したいと思います。

“もっとも身近な他人”

　私たち人間は，意識できないところでもたくさんのことを感じています。再掲の例ですが，山の茂みを歩いていて，突然，目の前に熊が現れたとします。たとえ，目の前に現れたものが「熊だ」とすぐには理解できなかったとしても，瞳孔は拡大し，心臓の鼓動は速くなるでしょう。このような外部の刺激に対する，意識せずとも自動的に生じる身体の反応を情動反応といいます。これは，「怖い」や「悲しい」といっ

た心の状態の認知としての「感情」とは区別されます。また，熊が現れたときには，叫ぶ，逃げ出すなど，身体の行動も同時に生じるでしょう。頭で「あ，熊だ。逃げなくては。」と考えていたら間に合いません。このように意識下でも，対象の存在を感じ，身体に情動や運動を生じさせるシステムが私たちには備わっているのです。人間には，意識の働きとは別に意識下に異なるシステムが存在するという考えは，脳科学や認知科学の世界で比較的受け入れられた言説です。たとえば，ノーベル経済学賞を受賞した心理学者ダニエル・カーネマン（Daniel Kahneman, 1934〜）は，脳の機能を大きく「自動的・反射的に働く脳機能（システム1）」と「意識的に働かせる脳機能（システム2）」に分けています。システム1は，暗記したものを答える，簡単な文章を理解する，声の抑揚から感情を感じ取る等，意識しなくても自動的に機能するもので意識下の働きに対応します。システム2は，難しい計算をする，文章を書く，初めて会った人の名前を覚える等，一定の注意を働かせることで機能するもので意識の働きに対応するものと言えるでしょう。

　このような自動的なシステム1と意識的なシステム2の関係は，認知の過程だけでなく，私たちの身体を動かすという運動の過程にも見て取れます。たとえば，机の上の本を取ろうと手を伸ばすだけでも，目からの感覚入力に基づいて手を伸ばす位置を決め，腕と手首と指の筋肉をタイミングよく動かし，指が本に届くあたりで指を開く等々，信じられないくらい複雑な動きが意識下でなされています。また，目の前にあるキーボードをブラインドタッチで打っている時には，指をどうやって動かしているのかそのこと自体が意識されません。純粋に文章の内容だけを考えています。システム2が意識しなくとも，システム1が意識下でそれぞれの文字キーがキーボードのどこにあるかを把握しており，位置に合わせて異なる指で打つという複雑な動作を実現しているのです。もちろん，キーボードを使い始めた頃は，どの文字キーがどこにあるということを，意識的に確認しながら指を動かし

ていました。しかし，その指の動きに習熟してくると，意識的にシステム2を使うことなく，システム1だけでキーボードを打つことができるようになります。このようなことはスポーツの動きの練習や技の習得でも同様で，練習中は身体の動きを細かく意識しますが，たくさん練習していくなかで，それを意識しなくても自動的にできるようになります。システム2によって制御されていた動きを，システム1に委譲することが行われるのです。

　2017年に私はこのような観点から，普段は意識を向けずとも行われている行動を，細部の運動や感覚に分解して，譜面のようなかたちで示す映像を制作しました。東京六本木にあるデザインミュージアム21_21 DESIGN SIGHTで開催された"アスリート展"という展覧会に「無意識という"もっとも身近な他人"との対話」というタイトルで出展しました。前述のように，アスリートは身体の動きを非常に細かいところまで意識化して練習を行い，さらに，それが意識下の動作となるまで鍛錬し，本番では何も考えずに身体を動かします。そのような過程はアスリートに限らず一般の人々の日常の動きにもあるはずであり，普段は意識せずに行っている動作をもう一度意識できる形に戻すことを思い立ちました。日常的でありつつも，ある程度練習が必要な動作として，タイピングやスマートフォンのフリックという行為を取り上げ，その際の指を曲げる・伸ばすという筋肉の運動や指先の圧力・位置という感覚入力の観点から動作を分析し，譜面のような形で表しました（図4-1）。

　画面左にある譜面のような部分は，画面右の映像の中で右手が行った動きや感覚の時間変化を表示したものです。右手5本の指それぞれに対して，指を曲げる筋肉の動き，指を伸ばす筋肉の動き，指先の圧力の感覚，関節の位置に関する感覚が生じたときに丸印（○）が表示されます。それが上から下へ時間とともに流れていくようになっています。図4-1では，中指，薬指，薬指，中指の順でタイピングをした時のパターンを示しています。このパターンが移り変わっていく様子

**図4-1　渡邊淳司「無意識という"もっとも身近な他人"との対話」
（"ATHLETE"，21_21 DESIGN SIGHT，2017）**

映像制作協力：草地映介
インタラクションデザイン協力：LENS（岡田憲一＋冷水久仁江）
学術協力：五味裕章（NTTコミュニケーション科学基礎研究所）

は，自分の指が意識せずともどれだけ複雑な運動をしているのか視覚
化したものです。また，どの指が動いたか，いつ指先の圧力が生じた
かといった，指の動きや感覚のパターンは，撮影されたビデオを私自
身が何度も見直しながら譜面化しました。それはまさに，アスリート
が行っているような自身の意識下の動きをもう一度見直すという行為
でした。

　さてここで一つ，身体の制御における意識と意識下の関係を扱った
興味深い認知科学の実験を紹介します。その実験は生理学者ベンジャ
ミン・リベット（Benjamin Libet，1916〜2007）によって行われまし
た。この実験において被験者は，時計の針を見ながら自由な時に手首
を持ち上げるよう指示されます。そして，手首を動かそうとする自分
の意思を意識したときの時計の針の位置を報告しました（図4-2）。実
験の結果，被験者が答えた「手を動かす意思」を感じた時刻よりも前

図 4-2　ベンジャミン・リベットの実験のイメージ図
（被験者の脳波と腕の筋電が計測されている）

に，人間が筋肉を動かすときに生じる準備電位と呼ばれる脳波が観測
されました。一般的には，手を動かす意思が生じて，その後に手首を
動かす神経信号が脳から筋肉に送られると考えられますが，この実験
の結果は，運動の決定はその意思が意識されるよりも早く意識下の別
のところで行われ，それに基づいて筋肉の運動信号が送られていると
いうことを示唆しています。実験については，現在にわたっても様々
な議論がなされていますが，少なくともここで言えることは，意識下
のシステムによる運動の実施と，意識がその意思を感じる時刻には乖
離があり，必ずしも意識が先にあるわけではないということです。つ
まり，「手を動かそう」という意思が意識されるシステムとは別のシ
ステムによって，「手を動かす」という運動の決定がなされていると
いうことです。

他者とのコミュニケーション

　次に，他者とのコミュニケーションにおける意識や意識下の働きに

ついてお話しします。人間は，他者と意図をやり取りし，力を合わせること，つまりはコミュニケーションによって生存してきました。では，いったい何がコミュニケーションの能力を生み出しているのでしょうか。本書の前提である「人間は閉じられた世界に生きている」という環世界の視点からコミュニケーションを見なおすとき，その本質が見えてきます。

　会話を例にとって考えてみましょう（図4-3）。会話においては，口から出される言葉はそれぞれが考えていることの一部でしかありません。そして，口に出されなかった思考はそれぞれの閉じられた世界（環世界）の中にあり，お互いに知ることはできません。つまり会話は，それぞれの閉じられた思考の世界のほんのわずかを，声という物理的なものに変えて相手に投げかけ合う過程だと言えます。そして，その投げかけ合いが継続され，「こう言えば，これに関する内容が返ってくる」という期待が満たされ，文脈が生み出されることで，相手に何かが「伝わった」という感覚が生じるのです。ここで注意すべきは，この「伝わった」という感覚は，お互いの思考の一部を投げかけ合う

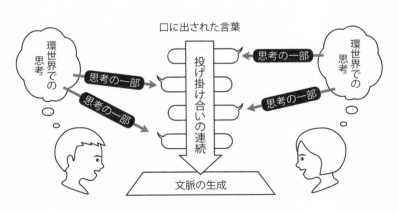

図 4-3　会話におけるコミュニケーションのモデル

過程がうまくいったというだけであって，相手の思考そのものを理解したということではありません。コミュニケーションが成立したと感じるのは，実は，何かが伝達されたからというよりは，それ自体が継続されたからなのです。

　また，コミュニケーションにおいては，意識的な言葉のやり取りに加えて，頷きや間合い，声の抑揚など，意識下の反応が表れる身体動作も重要な役割を担います。言語的なものだけでなく，身体的なやり取りも使って，会話の向こうにある相手の環世界にどうにかアクセスしようとして相手との関係を継続する，それこそがコミュニケーションの実体と言えるでしょう。ちなみに，昨今話題の人工知能（AI）による会話は，過去の誰かの会話データを大量に集積し，それを学習したルールに基づいて再構成したものです。AI側に相手と通じ合いたい，コミュニケーションを継続したい，という衝動はありません。つまりAIとの会話は，本来言葉の背後にあるべきもの（意識下の衝動）が存在しない対象との会話ということになるのです。そういう意味においては「AIとのコミュニケーション」は不可能だということになります。

ジョハリの窓

　ここまで述べたように，意識に上る思考は，私たちが感じていることのすべてではありません。意識下でたくさんのことを感じていたとしても，それらの多くは捨象されて一部分しか意識に上りませんし，時に意識下で感じているものとは別のものが意識されることすらあります。もし，自身の意識下で感じていることを適切に把握することができれば，それは「もっとも身近な他人」からのアドバイスだと言うことができるでしょう。

　このような意識下の反応は，直接言葉によって尋ねることはできませんが，身体の反応や仕草の中に現れます。そしてこれらは，自分で気がつくよりも，他者のほうがうまく拾い上げてくれるものかも

しれません。一つ例を挙げましょう。ジョセフ・ルフト（Joseph Luft, 1916～2014）とハリー・インガム（Harry Ingham, 1916～1995）という2人の心理学者の名前からとられた「ジョハリの窓」というコミュニケーション研究で使われるマトリックスがあります。図4-4のように自己開示を四つの領域（窓）と見立ててコミュニケーションを考えるものです。横軸の違いは自己について自分が知っている領域と知らない領域、縦軸の違いは自己について他人が知っている領域と知らない領域を隔てるものと考えます。左上の「開放の窓」は、自分も他人も知っている領域を指し、相手と明示的にやり取りできる公開された自己（Open self）を意味します。右上の「盲点の窓」は、気づいていない思考のバイアスや思いがけない癖など、他人は知っているけれど自分は気がついていない自己（Blind self）。左下の「秘密の窓」は、コンプレックスや過去の失敗といった、自分は知っているけれど他人には知られていない、隠された自己（Hidden self）。右下の「未知の窓」は、自分も他人も気がついていない、誰にもまだ知られていない自己（Unknown self）を表しています。基本的には、四つの領域のうち「開

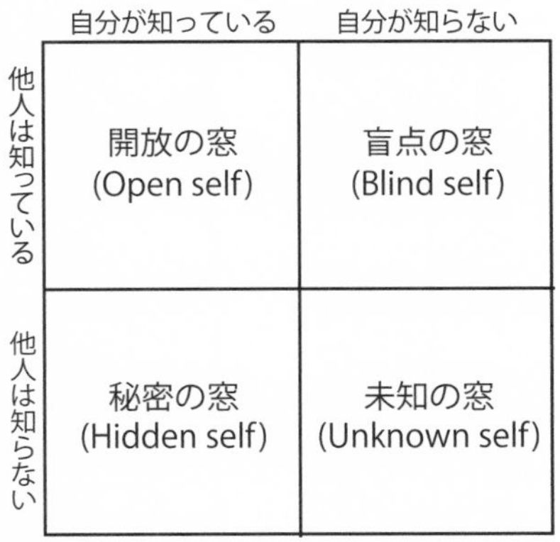

	自分が知っている	自分が知らない
他人は知っている	開放の窓 (Open self)	盲点の窓 (Blind self)
他人は知らない	秘密の窓 (Hidden self)	未知の窓 (Unknown self)

図 4-4　ジョハリの窓

放の窓」を広げることがスムーズなコミュニケーションにつながると考えられています。

　ここで，ジョハリの窓において知っている対象を自己に限定することなく，意識と意識下で感じている事象のすべてとしてみましょう。「開放の窓」とは，自分も相手も意識化することができる，会話やメールなど言語的にやり取り可能な事象すべてを表した領域となります。そして，ここで注目したいのが，自分では意識できないけれど相手には意識できるという右上の「盲点の窓」です。言い換えると，自分がどこかで感じていたけれども意識化されていなかった事象ということになりますが，この「盲点の窓」は他者との対話を通じて意識化することが可能です。先ほど述べたように，私たちのコミュニケーションは必ずしも何かの解決や終着点があるわけではなく，むしろ，言葉の背後にある語り手の衝動と，意識的にも意識下的にも向き合い続けることであると言えます。他者とのコミュニケーションにおいて，顕在化された言葉そのものだけに注目することはほとんど意味がありません。むしろ，その背後にある話し手には意識化されていないけれどもどこかで感じているものを，相手がうまく引き出すことが重要なのだと思います。これは，いつでもどこでも他者とつながれるようになった現代社会で，わざわざ人と人が直接会うことによってコミュニケーションを行う重要な機能の一つです。もちろん，他者の意識下の思いを完全に理解することはできません。しかし，そのようなものが存在していることを心に留め，それを適切なやり方で本人にフィードバックすることは大きな価値となるでしょう。

　私は，相手の問いかけに対して100パーセント言葉通りに回答することは，必ずしも良いコミュニケーションではないと思っています。私は，言われたことに対して30パーセントくらい，直接は関係ないかもしれないけれど，相手の意識下の思いに関連するであろうことを混ぜて返事をします。それは，相手が言葉にできなかった衝動や気持ちへの応答，つまりは「もしかして，これは盲点の窓に入ります

か？」という問いを投げ返しているということなのです。たとえば，美術大学などで学生が作った作品にコメントをするときは，内容を少しだけずらした質問を作って，問いかけるということをよく行います。目の前に白いTシャツの絵が描いてあるとすると，「この絵が白じゃなくて黒いTシャツだったらどう感じますか？」と作者の学生に質問します。そのとき，もし「黒でもオッケーです」という返事があれば，この学生にとってTシャツの色は意識下で引っかかるものではないらしい，ということになります。次に「白の襟付きシャツならどう？」と異なるずらし方で質問をします。そこで「襟付きはダメです。」と返事があれば，その学生のこだわりはシャツの形にあることがわかります。そうすると，「あなたにとってシャツの形状は何を意味しているのですか？」という問いを作ることができます。人間は，理由が明確に意識できなくても，それが自分にとって気にすべきものなのか，Yes／Noで答えることは意外とできるものです。そして，そのような問いは「盲点の窓」にアクセスするための一つの方法だといえます。

文章を書く，絵を描く

　他者からの問いに媒介された場合だけでなく，自分一人で行う創作的行為，具体的には文章を書いたり，絵を描くといった行為においても意識下とうまく協働することはできないでしょうか。そこでまず，文章を書くこと，特に論理的な文章を書くという，一見，意識だけが関与するように見える活動について，意識下との協働を考えてみたいと思います。

　論理的な文章について考えるときには，いくつか前提があります。はじめに，論理とは対象を区別して同じレベルのものを並べ，階層付け，構造化することです。そして一方，文章を書くことは一度に一行ずつ書いたり読んだりするものであり，一行，一行，一本道で進んでいくことになります。つまり，書く前の意識の活動によって，並列的

で階層的な論理構造を構築し，さらにそれを一本道の文章にしていくという過程があるということです。そのため，今書いている対象が論理構造全体の中でどの階層，どの位置にあるのかを意識的に把握しながら全体をまとめる作業を行うことになります。そして，一方で，書いているうちに素材となる新しいアイデアが生まれることもありますし，ある部分だけたくさんのアイデアが生まれ，全体の構成を変える必要が生じることもあります。このようなアイデアは論理的思考から導かれることもありますし，明確には把握できない意識下の閃きから現れることもあります。どちらにしろ，意識的に論理を構成しながら，意識下も含めてアイデアを生み出すという文章の書き方は，よほど訓練をつまないと難しいでしょう。

　であるならば，一つ別の方法として，意識下を含めたアイデア出しと意識による論理化を同時に行うことをあきらめ，「アイデアを出す自分」と「文章を編集する自分」を分けてみるとよいかもしれません。具体的に私が行っている文章の書き方を紹介します。まず，アイデアや文章の素材を書いているときは，論理構造や意味を意識せず，文章のテーマに関する思い付きや連想をひたすら書き出します。文章でなく単語だけでもよいので，素材をできるだけ搾り出します。文章の構造という制約を外すことは，実は文章の素材出しを意識下の自分に委譲するということでもあります。思いつくまましゃべったことを録音し，音声認識をしてもよいでしょう。

　そして，素材を出し切った後に，今度はまるで他人の書いたものを編集するように，似たものや階層が同じものを集め論理を整理します。意味ごとに分けたり，並べ替えて，不必要なものを消していきます。これは意識が得意とする作業です。このとき，書き足すことはできるだけせず，引き算だけを行います。そして，個別の論理構造がきてきたところで，どのように文章全体を並べるかを考え始めます。論理的な文章であれば，順序はある程度決まっています。最初に前提や背景について紹介し，それが解くべき重要な問題であることを述べ

る。主張を書いたら，その後は必ず具体的な文によって補強するなど，全体として統一された一本道の文章を作ります。これも意識的な過程です。文章の素材を作る自分とそれを編集する自分をまったく別の人格として考えるだけで，わかりやすさや効率性が格段によくなります。そして，最後の文章チェック方法として，考えずに声に出して読んでみて違和感がないか，引っ掛かるところがないかをチェックします。つまり，意識下でもおかしいと感じるところが無いか，声に出すことによって感じられるようにするということです。このように私は，意識の働きと意識下の働きを，行ったり来たりしながら文章を書くということをしています（図4-5）。

　もちろん，素材づくりと編集を分けた文章の書き方は，これまでの思考法や論理的な文章を書く方法論としてもありました。たとえば，たくさんの素材メモをつくり，それらを組み替えた上でそれを原稿用紙にまとめるという方法です。しかし，実際にやろうとすると紙という物理的な制約から，並べ替え，書き換えと，とても煩雑になります。なので，多くの人がとりあえず考えながら書いていくという方法を

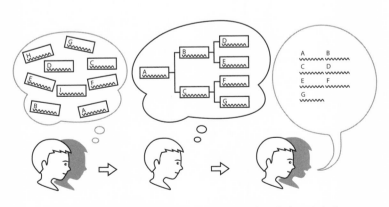

図 4-5　意識と意識下を行ったり来たりする文章の書き方

とっていたのでしょう。しかし現在は，パソコン上で文章を書くのがほとんどであり，それにあった思考の仕方，文章の書き方ができるはずです。

　次に，絵を描くということをテーマに，意識下との関係を考えてみたいと思います。私自身は，絵を描くことを専門としているわけではありませんが，普段ちょっとした遊びとして絵を描くことがあります。なんとなしに風景が眼に留まったときや，心がモヤモヤするとき，何かのアイデアが生まれそうなときに，どんな絵になるかわからないけれど，とりあえず紙の上にペンを走らせます。写し取るのではなくて，これは丸っぽいとか，暖かいとか，エネルギーを感じるとか，自分の感じている印象に輪郭を与える感覚でペンを走らせるのです。いちばん印象に残ったところから描いていき，全体の構図は考えずにどんどんペンを滑らせます。意識で全体を制御するというより，意識下で感じるままにペンを走らせて，何となく形が出てきたところで少し考え，またペンを走らせる。このような絵の描き方は，意識せずに素材となるタッチやテクスチャを描く自分と，意識的に構図を考える自分を分ける描き方であり，前述の，アイデアを出す自分と全体を編集する自分を分けて文章を書くという方法と同じ考えに基づいています。このように，意識下の自分が生み出すものをすべて制御しようとするのではなく，意識下の自分と協働するという視点が，文章を書いたり絵を描くといった，創作的行為には必要となるのではないでしょうか。

　ここで一つ興味深い例として，絵を描くという行為の中に，意識で制御できない仕組みを導入したソフトウェアを紹介します。回転するキャンバスに絵を描くドローイングソフトウェア「Rollcanvas」（http://www.rollcanvas.org）です（図4-6）（文献［30］）。通常のドローイングは，静止したキャンバスに対してペンを動かし絵を描きますが，このソフトウェアでは，仮想の円環状のキャンバスがソフトウェアのなかで回転しており，ユーザーはその回転を操作しながら，キャンバスに絵を描きます。キャンバスに絵を描くというより，ろくろに絵を描く体

図 4-6 「Rollcanvas」イメージ図
草地映介氏制作のアプリが App Store にてダウンロード可能。

験に近いかもしれません。キャンバスの回転によって，ドローイング
に偶然性やシンプルな描画の反復がもたらされ，描いているユーザー
自身にとっても思いがけない，テキスタイルデザインのような美しい
絵が描かれることになります。このソフトウェアの特徴として，ユー
ザーは自分でペンを選んだりペンを動かしたりしますが，キャンバス
が回転しているため自分の意図通りに絵を描くことは困難です。この
ソフトウェアでは，まったく意識で制御できないわけではありません
が，自分の意図通りとも言い切れない，意識と意識下のあいだにある
ような絵が描かれるのです。

ウェルビーイング

　次に，私たちがそれぞれよく生きるあり方「ウェルビーイング
（Wellbeing）」と意識下の働きについて考えたいと思います。突然，ウェ
ルビーイングという言葉を取り上げましたが，私は 2016 年から 2019
年まで科学技術振興機構（JST）社会技術研究開発センター（RISTEX）
の「人と情報のエコシステム」研究開発領域「日本的 Wellbeing を

促進する情報技術のためのガイドラインの策定と普及」というプロジェクトに参画しました。そのプロジェクトを通して様々な人々と議論する中で，ウェルビーイングと意識下の働きには深い関係があるのではと思うようになったのです（文献 [31] [32]）。

　ウェルビーイングとは，そのまま訳すと「being well」（心身が良い状態）を意味します。ウェルビーイングは主に以下の三つの領域で議論されることが多いです。一つ目は「医学的ウェルビーイング」で，心身の機能が不全ではないか，病気ではないかを問うもので医学の領域です。二つ目は「快楽的ウェルビーイング」で，その瞬間の気分の良し悪しや快・不快についての領域です。三つ目が「持続的ウェルビーイング」と呼ばれ，人間が心身の潜在能力を発揮し，意義を感じ，周囲の人との関係の中で，いきいきと活動している状態を指し，人間の充足感や他者との関係性まで含まれる領域です。

　2000 年代に入り，特にウェルビーイングを持続的かつ包括的に捉えようとする試みが盛んになされています。ウェルビーイングを瞬間的な快楽の状態と捉えるのではなく，自分が持っている心身の力，もしかしたら自身が気がついていない能力まで含め，他者や社会との関係の中で発揮していくことだと考えるということです。この定義を意識・意識下という視点から言い直すと，ウェルビーイングとは「自分の意識下の衝動をケア（care）すること」もしくは，「自分の意識下の衝動をエンパワー（empower）すること」とも言えるでしょう。つまり，自身の意識下で生じている衝動に対しても意識的になり，それを尊重しつつ，うまく実現されるように環境を整えることがウェルビーイングにつながるということです。意識下まで含めたすべてを意識の制御対象とするのではなく，また，逆に何も考えずに意識下の衝動に身を任せてしまうのでもなく，意識的に意識下の衝動を丁寧に感じて対応し続けることが重要なのです。このような考え方はウェルビーイングのための情報技術の設計において重要です。「ふとした瞬間に感じる気持ち良さ」や「ちょっとした違和感」など，意識されて

いなかったけれども意識下で潜在的に感じていることをどうやって計測するのか，ユーザーがこれらに自ら気づくようにどのようなデザインがなされるべきなのか，これから検討されるべき重要な課題だと言えます。

　1章でも簡単に述べましたが，脳科学の分野でもこのような意識・意識下についての議論がなされています。脳神経科学者アントニオ・ダマシオ（Antonio R. Damasio, 1944〜）は，人間の意識の合理的な働きの結果である推論や意思決定においても，心拍や呼吸をはじめとする身体の調節系の反応が深く関わっているという「ソマティック・マーカー（Somatic Marker）」仮説を提案しています（文献[7]）。ソマティックとは「身体の，肉体の」という意味で，身体的反応が意思決定の際の標識（マーカー）として機能するという仮説です。たとえば，多数の選択肢の中から適切なものを選択する場において，選択肢に対して半自動的に抱く快・不快，好き・嫌いといった身体的反応が選択肢にあらかじめ優先づけを行い，意識的な判断に効率性をもたらしていると考えるのです。つまり，様々な意識的活動にも意識下の身体的反応が深く関わっており，そのソマティック・マーカーに感度を持つことが意思決定には重要であるということです。

　また，私たちの「主体」について考える上でも，意識の働きと意識下の働きを包摂的に捉える必要があるかもしれません。ここで「主体」であるとは，独自に判断・行動する自律的な性質，判断や行動が一貫する歴史的な性質，さらには，他の主体の所有物や手段にならない道徳的な性質を持っているという意味ですが，私たちが一人の「主体」という時に，その主体は，基本的に身体に一つ想定されています。そして，現代社会で「主体」とは，その多くは意識の働きのことを指すでしょう。しかし，ここまで述べてきたように，意識的な主体だけでなく，同じ身体の中に感覚・運動の連関に基づき，意識とは異なるやり方で判断・行動する意識下のシステムを「もっとも身近な他人」，もしくは「自分の中のもう一人の主体」と捉えることも可能でしょう。

そうであるならば，意識下との協働のための倫理についても考えてい
く必要があるかもしれません（文献［33］）。

わからなさ

　本章の最後に，意識下との協働を考えるときの重要なキーワードを
取り上げます。それは「わからなさ」です。何より，意識はわかるこ
とを求めます。意識の重要な働きの一つに未来を予測することがあり
ますが，その予測と実際の現実とのあいだに齟齬が無ければ，意識は
それを「わかった」ことにします。別の言い方をすると，意識はでき
るだけ予測エラーが起きないように世界を認知する性質があるという
ことです。一方で，意識にとって意識下の活動は，完全にはわかる
ことのできないものです。身体の状態や環境の状態によって，予測と
は異なることが起きます。そのとき，「わからなさ」を感じた意識は，
自分の認知モデルをもう一度作り直します。ここで認知モデルを作り
直すというのは，単に考える枠組みを変えるだけでなく，考えている
ことや感じていることを思考の外に出すことも意味します。わからな
いことを声に出してみたり，文字にすることは認知モデルの作り直し
の第一歩だと言えるでしょう。人は生きている限り予想外なものに出
会い，「わからなさ」に対処する必要が生じます。そのときには，意
識に頼って考えるだけでなく，意識下に生じているものを声や文字と
して外在化することがそれに対処する足掛かりとなるでしょう。
　さらに，意識は「わかる」ことで思考を停止しがちです。そうなら
ないために，「とりあえず一度わかったことにするけど，まだわから
ない」という，最終的な「わからなさ」を担保しつつ対象と関わり続
ける態度をとることが重要です。たとえば，芸術作品を鑑賞すること
は，意識的にそして意識下的にも「わからない」が生み出される過程
だと言うことができます。特に音楽や触覚の芸術作品は，空気や物の
ふるえによって鑑賞者との身体的な関わりを生み出し，そこで生じる

図 4-7　「AlphaGo」による対戦
（左は，AlphaGo の計算結果どおりに碁石を置く人）

身体的な揺らぎや情動の変化が，また新しい「わからなさ」を生み出すきっかけとなります。逆に言うと，そういうものこそが芸術と言われるのかもしれません。

　また，AI は「わからなさ」という観点で新しい可能性をもたらしてくれます。たとえば，DeepMind 社が開発した囲碁に特化した人工知能「AlphaGo（アルファ碁）」は，2017 年 5 月に人類最強と呼ばれる棋士に勝利しました。これによって人工知能の驚くべき能力が示されましたが，それだけではなく，私はコンピュータ側の棋士としてアルファ碁の計算結果どおりに碁石を置いていた人物の心のありようをとても興味深く思いました。碁石を置いていた人物のしたことは，自分の意思とは関係なく，アルファ碁が示したとおりに石を置くことでした（図 4-7）。ただしここで重要なのは，碁石を置く人物も碁をよく知る人であり，指示の内容についてその良し悪しを感じながら指していたことが推測されるということです。碁石を置く人物がとった態度，つまり，人工知能という「わからない」他者に対して耳を傾けながら

行動するという態度は，私たちが意識下の反応に対して向き合う態度とも共通する点があると私には思えます。

　本章で述べてきた，意識下の働きであったり，芸術作品や人工知能は，私たちの意識の外から示唆をもたらします。そのとき私たちは，どのように反応すべきでしょうか。それをわからないものとして排除するべきでしょうか。それとも，碁石を置いていた人物のように，それに従い言われたとおりにやってみるのでしょうか。もしかしたら，一度そのとおりに従ってみることが，新しいものの考え方や行動の仕方を獲得することにつながるかもしれません。私たちは「わからなさ」に対してどのように向き合い，共感し，共生していくのか，さらには，そのわからなさからどうやって自身を更新していくのか，それが問われているのです。さらに「わからなさ」は，本書でいうところの「表現」とも深い関りがあります。本書冒頭で，「表現」とは，他者へ何かを伝えることではなく，他者に何らかの認知や意味を生じさせるものである，と述べました。人間にとってすでにわかっているものはさらに大きな意味を生じさせることはありませんし，むしろ思考停止を引き起こします。そうであるならば，逆に，他者に「わからなさ」を生じさせる，意識下への働きかけや意識的な理解を超えた何かこそ「表現」において重要な鍵を握るのではないでしょうか。

あとがき

　およそ二十年前になりますが，私は大学院へ進学し，バーチャルリアリティを研究する研究室に所属しました。そこでは主に二つの回路について学びました。一つは機械の回路。機械の回路というのは電気を流す物理的な回路のことです。正直，私はこの分野はあまり得意ではありませんでした。もう一つは人間の回路です。人間の感覚や心の仕組みのことで，認知科学に含まれる分野です。私は人間の回路，人間の感覚や心の仕組みについて強い関心を持ちました。特に，身体の物理的な仕組みではなく，人はどのように世界を感じているのか，目に見えない心の働きにとても興味を持ちました。目の前の言葉や行動といった物理的に表出されたものの背後にある心の法則を発見していくことがとても面白く，視覚や触／身体感覚のメカニズムと情報提示に関する研究は，まさにそこへの最初のアプローチでした。

　そして，人の心の仕組みを考える中で大きな問題となったのがコミュニケーションの捉え方です。ユクスキュルの環世界の考え方にあるように，人間同士であっても，それぞれ閉じられた世界に生きているわけです。そもそも，コミュニケーションの相手に対しては，記号を正確に伝えることができたとしても，その思いや考えを完全に伝えることは理論的に不可能なのです。では，どうやって意思の疎通を図るのか。そのためには，「わからなさ」を含みつつ相手の心に働きかけ，新しい関係性をお互いの間に作り続けることが必要なのです。そのとき触／身体感覚は直接的に人の身体（特に意識下）へ働きかけ，新しい関係を生み出すきっかけとなります。たとえば，心臓を手の上で触れられるようにして他者とコミュニケーションを行う「心臓ピクニッ

ク」は，その最たるものでした。また，まだ個人的な試行錯誤の段階ですが，意識下という他者とうまく協働し，新しい何かをつくり出す方法論もご紹介しました。

　本書では，自分の感覚や心の仕組みの自分事化，触／身体感覚のデザイン，意識下の自分との協働について述べてきましたが，本書を読まれた方は，もしかしたら困惑したかもしれません。私の活動は，いわゆる学際領域と言われ，論文を書いたり展示をしたり，一人の人間がいろいろな分野に顔を出します。それは「研究者」なのかと問われたら，私も正直，自信をもって答えることはできません。一方，私が，分野横断的な活動を説明するときによく口にするのが「研究を編集する」ということです。一つのことを極めようとする活動だけでなく，多様なものを結び付けて価値を見出して伝える「編集」という活動が，私の中ではとても重要なものとして存在します。つまり，何かがわかったり，作れたとしても，それが社会との関係の中で価値を持つということを周りの人，世界の人に伝えなければいけないと思ってしまうのです。もちろん，すべての研究者がそうすべきだということではなく，そのような立場の人も必要になるのではないかということです。そして，私はそのような立場を意図的に取り，価値を生み出そうとしています。

　そのためには，いくつかの分野の専門知識だけでなく，アウトプットの作法を知っておく必要があります。論文を書くときの作法と展示の作法はまったく違いますし，論文の中でも認知科学と工学では違う書き方をします。たとえば，論文は想像や主観で書く文章とは異なり，実験データからわかる一次的な解釈以外書いてはいけません。もし，主観に基づく内容を書きたいのであれば，別のフォーマットの文章や作品を選択すべきだと。また，論文には書き方の順番があったり必ず参考文献がありますが，芸術作品には，通常，文献が引用されません。しかし，芸術作品においても明示的には示されなくても，それぞれの作品にはそれぞれの文脈があります。どんなアウトプットにもフォー

マットとコンテクストがあって，通常，それを逸脱することは許されません。その違いをわかった上で，自分のやっていること，伝える相手に適したアウトプットの方法を取ることが重要です。専門家に向けて読み物として伝えるのであれば論文というフォーマットがよいし，一般向けに体験型として実感してもらいたいのであれば展示をすることになるでしょう。より深く感じて欲しいのであればワークショップというフォーマットもあります。

　また，分野としての違いにも気を配る必要があります。工学は，大前提として目的が決まっていて，それを解決する「エンジニアリング」です。一方で，認知科学（や芸術）は，すでにそこに存在している人間や社会というものの構造を明らかにしたり，その機能や意味を見出す「リバースエンジニアリング」です。リバースエンジニアリングでは，問いの枠組み自体を自分で考え，解くべき重要な問題を設定するところから始まり，それに対して実験をしたり作品を作ったりすることになります。そのため，同じことをしても，問いの立て方次第でその価値が大きく変わってしまいます。別の言い方をすると，問題設定を自分でできる自由さがここで言うリバースエンジニアリングにはあり，その問いの設定の仕方自体が価値を生み出すということなのです。それはとても想像的・創造的な行為だと私は思います。そして，展示やワークショップの場で，体験者と対話すべきことはこの「問い」であるべきなのです。たとえば，体験の感想を述べてくれた人に対しては，こちらの意図を押し付けるのではなく，相手の解釈から新しい意味を見い出すようなやり取りを心がけるのです。私のやっていることは，自分の世界観はこうだと示し，周囲の人をそこに巻き込んでいくことではなく，世界を感じるためのフィルターや枠組みを提供し，それをもとに対話の場を生み出すことだと思っています。

　「研究を編集する」という考え方は認知科学の分野でも工学の分野でも，分野のど真ん中ではなく，例外的な位置づけだと言えます。そのような立ち位置の場合，認知科学研究者，工学研究者，その両方の

分野の人から意味あることだと思われなければいけませんし，自分の存在の意味を自分で説明しなくてはいけません。既存の分野への敬意を持ちつつ，どうやって自分の研究の価値をつくり出していくか，これが重要なことだと言えます。

　そして，もし可能ならば，小さくてもよいのでメディアを持つことは重要です。私がまだ大学院を出たばかりの頃，一般の人にも研究という活動を伝えなくては，という気持ちが強くあり，CDジャケット（12cm×12cmの正方形のパンフレット）のような自己紹介リーフレットをつくっていました（右図）。自分のやっていること，興味があることを書いて，展示会場に来てくれた方や話を聞いてくれた方一人一人に渡していきました。分野のことを知ってもらうだけでなく，自分の研究を素材に新しい価値が作れたらと思って始めた「研究の編集」のはじまりです。最近では，2016年から日本で唯一の触感コンテンツ専門誌『ふるえ』（http://furue.ilab.ntt.co.jp）の編集長をしています。主に，インタビューによって構成されていて，自分の研究以外にも目を向け，いろいろな方のお話を聞ける貴重な機会となっています。

　本書が出版される2020年，いまだに私は分野を横断しながら点々と活動を続けています。そしてこれからも，星座をつくるように点と点をつなげて，自分の活動を意識的に物語り，意味付けることを続けるでしょう。結局，未来を予測することは難しく，現在の瞬間にできることというのは，"もっとも身近な他人"からのささやきを信じて，どうなるかわからない未来へ身を投じていくことなのだと思います。

　本書は，認知科学というフレームワークを通して得られた，私の気づきと表現を巡る旅でもありました。ここで，「表現する認知科学」は終わりとなりますが，ここまで読んでくださった読者の皆様には，道中ご一緒いただき心より感謝致します。ありがとうございました！

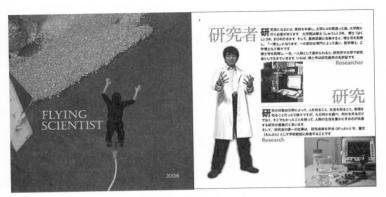

自己紹介リーフレット

NTT 研究所発 触感コンテンツ専門誌『ふるえ』

「表現する認知科学」を味わうには

ファシリテーター　内村直之

　渡邊淳司さんの作品のいくつかに触れたことがあります。それは確かにちょっと変わった経験でした。

　NTT インターコミュニケーション・センター［ICC］は東京・西新宿にあります。一風変わった文化施設です（https://www.ntticc.or.jp/ja/）。NTT といえば，通信インフラを一挙に引き受けてきたというイメージがあります。電話や交換機を始めとしスマートフォンに至るまでを思い出すのですが，ここは，もっと人間臭くアートとサイエンスとテクノロジーが一体となって混在している場所なのです。それらは，渡邊さんのやろうとしてきたこと，さらにわかろうとしていることの方向性を示しているのではないかな，と思わせます。

　例をあげましょう。

　この本の中で紹介されている「振動電話"ふるえ"」（60 ページ）に触ってみました。特別製のベルトをおなかに装着して，電話ボックスの中に入ります。もう一つのボックスには渡邊さんが入りなにかしていると，私のおなかのベルトがいきなりゴゴゴォとかパーンとか（そんな音がするわけではありません），いろいろなニュアンスで振動するのです。変な気持ちですが，それが相手からのコミュニケーションの一端ならば答えないといけないですね。そこで，自分の目の前のボタンから「ツン」を押す。こちらとしては「何だよう？」みたいな反応のつもり。さらに向こうから「ズキューン」のような挑発するような振動が送られてくる。じゃあ，こっちも今度は……と，言葉を使わない奇妙なコミュニケーションが続きます。

　もちろん，いつも使っていることばではないので，アタマで論理的に理解するようなはっきりしたコミュニケーションではないけれど，続けているうちにだんだんお互いのやりたいことがわかってくるような気になります。新しい道を通っているような，あるいはまだ言葉をしらない幼児とコミュニケーションしているような感じでした。

　もう一つ，「自分の顔を探せ！」（37ページ）もやってみました。小さなレンズの前に立ち，ボタンを押すと自分の姿が撮影されます。しかし，まもなく出てくるプリントには，1枚どころか10枚のちょっとずつ違った画像が並んでいるのです。「似てるけれど，あれ，ちょっとずつ違うなあ」。そう，目とか鼻とか口とか顔の一部がちょっとずつ大きさや位置が変えられた変形がされているのです。細かくチェックしながら比べないとどこがどう違うかはっきり指摘できないのですが，ちらっと見ただけでも「なんか違う」とわかるのは，人間の知覚の不思議なところです。

　「ぼくのホントの顔はこれかな？」と当てずっぽうで試してみると，大当たりでした。自分の顔をじっと見て精査するなんて日常ではほとんどない経験ですが，なんとなくわかっているものなんですね。

　体験，というのは不思議なものです。この本にはその大切さを語る例がいくつもあげられています。読者にはそれにすぐ触れられるという機会もそうそうはないでしょう。渡邊さんのつくっているホームページ（http://www.kecl.ntt.co.jp/people/watanabe.junji/index-j.html）に，ひとつひとつについて詳しく画像や動画入りで説明されているものがありますので，それを見るのもいいと思います。

　この本は，ふだん知らない「私」について自分自身で発見をするためにはどのようにしたらいいのか，というノウハウをふんだんに提供してくれています。

　渡邊さんは工学部の出身で，サイエンスとテクノロジーについて，

詳しくご存知だし，それを使いこなすこともなさっています。しかし，最も力をいれているのは，「私」は「私自身」をわかっているのか，という永遠の問を問い続けることなのでしょう。渡邊さんはそういう問いを発し続けています。それは，面と向かって話していると不思議な感じがする認知科学者であることからもわかります。問いはするけれど，その答えはなかなか出てこない。だから，この本もページをめくると答えが出てくる「教科書」とはずいぶん違ったものになっているのです。

　自分と向き合うために認知科学をツールとして使うこと，それがこの本を味わうための合言葉といっていいと思います。これは，テクノロジーによらずとも可能なことです。

　いい例は 95 ページで紹介している「書く」という行為についての考え方は興味深いものがあります。そこでは，「意識下を含めたアイデア出しをする自分」と「意識的に文章を論理的に編集する自分」の役割を分けて考えてみようと提唱しているのですが，これは文章を書く上でとても実際に役立つノウハウなのです。

　私たちが文章を書くということは，アタマの中ですべての内容を決定して，さっと紙の上（またはコンピュータの画面の上）に書き下すことである，なんてできているでしょうか？　そうではないでしょう。何をどう書こうかなあ，と懸命に自分の頭の中に脈絡なく浮かぶことをメモとして書き下ろし可視化します。その内容を筋道に意識を傾けながら論理化し他の人にもわかるようにしていく…私は，こういう作業をして文章を書くのですが，それをスローガン化し「書くことは考えることである，考えることは書くことである」としばしば主張しています。書かなければ考えないし，考えなければ書くことなんかできない。これは渡邊さんの文章や絵の創作論ととても重なり合うなあと，ちょっとびっくりしました。書くという体を動かす行為が認知的にいかに重要かということがわかるのではないでしょうか。

　私と渡邊さんの触れ合い，そして私自身の経験からこの本の味わい

方の一端を考えてみました。読者のみなさんも、読みながら独自の味わい方を探していただくと、さらに深い理解につながるだろうと、確信するのです。

　固く閉じこもってしまった『私』が何をとらえどう考えているかをときほぐすこと——自分で自分の認知の仕方に気づく必要があるのです。

文献一覧

[1] クリサート・ユクスキュル (2005).『生物から見た世界』, 日高敏隆・羽田節子訳, 岩波文庫.

[2] 渡邊淳司, 伊藤亜紗, ドミニク・チェン, 緒方壽人, 塚田有那 (2019).『情報環世界——身体と AI の間で遊ぶガイドブック』NTT 出版.

[3] 西垣通 (2004).『基礎情報学——生命から社会へ』NTT 出版.

[4] グレゴリー・ベイトソン (2006).『精神と自然——生きた世界の認識論』, 佐藤良明訳, 新思索社.

[5] 渡邊淳司 (2014).『情報を生み出す触覚の知性——情報社会をいきるための感覚のリテラシー』化学同人.

[6] ダニエル・カーネマン (2014).『ファスト＆スロー（上・下）——あなたの意思はどのように決まるか？』, 村井章子訳, 早川書房.

[7] アントニオ・R. ダマシオ (2000).『生存する脳——心と脳と身体の神秘』, 田中三彦訳, 講談社.

[8] マーシャル・マクルーハン, クエンティン・フィオーレ (1995).『メディアはマッサージである——影響の目録』, 門林岳史訳, 河出文庫.

[9] 渡邊淳司・前田太郎・舘暲 (2001).「サッケードを利用した新しい情報提示手法の提案」『日本バーチャルリアリティ学会論文誌』, 6 (2), 79–87. http://junji.org/saccade/index.html

[10] 渡邊淳司・Maria Adriana Verdaasdonk・田畑哲稔・安藤英由樹・前田太郎・舘暲 (2005).「MultiMedia Performance におけるインタラクティブ性と美」『日本バーチャルリアリティ学会論文誌』, 10 (1), 3–9.

[11] 安藤英由樹・渡邊淳司・杉本麻樹・稲見昌彦・前田太郎 (2004).「Augmented Reality のための爪装着型触覚ディスプレイの研究」『電子情報通信学会論文誌 D-II』, J87-D-II (11), 2025–2033.

[12] http://junji.org/invisibles/index.html

[13] 安藤英由樹・渡邊淳司・杉本麻樹・前田太郎 (2007).「前庭感覚インタフェース技術の理論と応用」『情報処理学会論文誌』, 48 (3), 1326–1335.

[14] 安藤英由樹・吉田知史・前田太郎・渡邊淳司 (2007).「"Save YourSelf !!!"——前庭刺激による平衡感覚移植体験」『日本バーチャルリアリティ学会

論文誌』, *12* (3), 225–232.

http://junji.org/saveyourself/index.html

[15] 安藤英由樹・渡邊淳司 (2010).「自己感覚の再認識をテーマとした体験型
展覧会 "感覚回路採集図鑑" の展示設計に関する考察」『日本バーチャル
リアリティ学会論文誌』, *15* (3), 471–474.

http://junji.org/sensorycircuit/index.html

[16] 上田祥代・吉田成朗・渡邊淳司・池田まさみ・茅原拓朗・北崎充晃 (2019).
「皮質体性感覚野の身体表現理解を促す Face Homunculus Viewer」『日
本バーチャルリアリティ学会論文誌』, *24* (1), 3–12.

[17] 仲谷正史・筧康明・三原聡一郎・南澤孝太 (2016).『触楽入門——はじめ
て世界に触れるときのように』朝日出版社.

[18] 永原宙・森永さよ・渡邊淳司 (2016).「人間のカテゴリ分類特性を利
用した触感選択法」『日本バーチャルリアリティ学会論文誌』, *21* (2),
533–536.

[19] 永野光・岡本正吾・山田陽滋 (2011).「触覚的テクスチャの材質感次元構
成に関する研究動向」『日本バーチャルリアリティ学会論文誌』, *16* (3),
343–353.

[20] 早川智彦・松井茂・渡邊淳司 (2010).「オノマトペを利用した触り心地の
分類手法」『日本バーチャルリアリティ学会論文誌』, *15* (3), 487–490.

[21] 渡邊淳司・加納有梨紗・坂本真樹 (2014).「オノマトペ分布図を利用
した触素材感性評価傾向の可視化」『日本感性工学会論文誌』, *13* (2),
353–359.

[22] 渡邊淳司・川口ゆい・坂倉杏介・安藤英由樹 (2011).「"心臓ピクニック"
——鼓動に触れるワークショップ」『日本バーチャルリアリティ学会論文
誌』, *16* (3), 303–306.

https://socialwellbeing.ilab.ntt.co.jp/tool_connect_heartbeatpicnic.html

[23] 渡邊淳司・福沢恭・梶本裕之・安藤英由樹 (2008).「腹部通過仮現運動を
利用した貫通感覚提示」『情報処理学会論文誌』, *49* (10), 3542–3545.

[24] "ふるえ言葉のはじまり" 制作チーム (2016).『"ふるえ言葉のはじまり"』
https://www.youtube.com/watch?v=EWrVwYjZ-os (2017 年 12 月 25 日)

[25] 渡邊淳司・安藤英由樹・朝原佳昭・杉本麻樹・前田太郎 (2005).「靴型イ
ンタフェースによる歩行ナビゲーションシステムの研究」『情報処理学会
論文誌』, *46* (5), 1354–1362.

[26] 林阿希子・伊藤亜紗・渡邊淳司 (2020).「スポーツ・ソーシャル・ビュー——競技を身体的に翻訳し視覚障がい者と共有する生成的スポーツ観戦手法」『日本バーチャルリアリティ学会論文誌』, *25* (3), 216–227.

[27] 渡邊淳司・藍耕平・吉田知史・桒野晃希・駒﨑掲・林阿希子 (2020).「空気伝送触感コミュニケーションを利用したスポーツ観戦の盛り上がり共有」『日本バーチャルリアリティ学会論文誌』, *25* (4), 掲載予定.

[28] 渡邊恵太 (2015).『融けるデザイン——ハード×ソフト×ネット時代の新たな設計論』BNN 新社.

[29] Junji Watanabe (2013). "Pseudo-haptic Sensation Elicited by Background Visual Motion". *ITE Transactions on Media Technology and Applications, 1* (2), 199–202.

[30] 草地映介・渡邊淳司 (2007).「表現意図と偶然性を併せ持つ "Minimal Drawing" の提案」『日本バーチャルリアリティ学会論文誌』, *12* (3), 389–392.

[31] 渡邊淳司, ドミニク・チェン (監修・編著), 安藤英由樹, 坂倉杏介, 村田藍子 (編著) 伊藤亜紗, 生貝直人, 石川善樹, 岡田美智男, 小澤いぶき, 神居文彰, 木村大治, 小林茂, 田中浩也, 出口康夫, 水野祐, 安田登, 山口揚平, 吉田成朗, ラファエル・カルヴォ (論考) (2020).『わたしたちのウェルビーイングをつくりあうために——その思想, 実践, 技術』BNN 新社.

[32] 渡邊淳司, ドミニク・チェン (2023).『ウェルビーイングのつくりかた——「わたし」と「わたしたち」をつなぐデザインガイド』ビー・エヌ・エヌ.

[33] 渡邊淳司 (2019).「「自分の中のもう一人の自己」が人格化された社会について——AI 人格過剰志向性と人格標本化バイアス」『情報処理』, *61* (1), 21–24.

索 引

著者紹介

渡邊淳司（わたなべ・じゅんじ）

1976 年生まれ。日本電信電話株式会社（NTT）コミュニケーション科学基礎研究所人間情報研究部 上席特別研究員（NTT 社会情報研究所 Well-being 研究プロジェクト，NTT 人間情報研究所 サイバー世界研究プロジェクト 兼務）。

2005 年東京大学大学院情報理工学系研究科修了。博士（情報理工学）。人間の知覚特性を利用したインタフェース技術を開発，展示公開するなかで，人間の感覚と環境との関係性を理論と応用の両面から研究している。また，文化庁メディア芸術祭での受賞，Ars Electronica Prix での受賞や審査員等，表現・体験領域での活動にも関わる。主著に『情報を生み出す触覚の知性――情報社会をいきるための感覚のリテラシー』（化学同人，2014 年，毎日出版文化賞（自然科学部門）受賞），『ウェルビーイングの設計論――人がよりよく生きるための情報技術 』（ビー・エヌ・エヌ新社，2017 年，監訳），『情報環世界――身体と AI の間であそぶガイドブック』（NTT 出版，2019 年，共著），『わたしたちのウェルビーイングをつくりあうために――その思想，実践，技術』（ビー・エヌ・エヌ新社，2020 年，監修・編著），『ウェルビーイングのつくりかた――「わたし」と「わたしたち」をつなぐデザインガイド』（ビー・エヌ・エヌ，2023 年，共著）。

ファシリテータ紹介

内村直之（うちむら・なおゆき）

科学ジャーナリスト

1952 年東京都生まれ。81 年東京大学大学院理学系研究科物理学専攻博士課程満期退学。物性理論（半導体二次元電子系の理論）専攻。同年，朝日新聞入社。同社福井，浦和支局を経て，東京・大阪科学部，西部本社社会部，『科学朝日』，『朝日パソコン』，『メディカル朝日』などで科学記者，編集者として勤務した後，2012 年 4 月からフリーランスの科学ジャーナリスト。 基礎科学全般，特に進化生物学，人類進化，分子生物学，素粒子物理，物性物理，数学，認知科学などの最先端と研究発展の歴史に興味を持ちます。著書に『われら以外の人類』（朝日選書，2005 年）『古都がはぐくむ現代数学』（日本評論社，2013 年）など。新聞記事，雑誌記事など多数。12 年から 17 年まで慶応義塾大学で「ライティング技法ワークショップ」，13 年から 2022 年まで法政大学情報科学部で「社会と科学」などの講義を担当。北海道大学 CoSTEP でも 2014 年から 2020 年まで客員教授としてライティングなどを指導，21 年から同フェロー。

『認知科学のススメ』シリーズ　5
表現する認知科学

初版第 1 刷発行　2020 年 10 月 30 日
初版第 2 刷発行　2023 年 9 月 25 日

　　監　　修　日本認知科学会
　　著　　者　渡邊淳司
ファシリテータ　内村直之
　　発行者　塩浦　暲
　　発行所　株式会社　新曜社
　　　　　　101-0051　東京都千代田区神田神保町 3-9
　　　　　　電話　(03)3264-4973(代)・ＦＡＸ　(03)3239-2958
　　　　　　e-mail：info@shin-yo-sha.co.jp
　　　　　　ＵＲＬ：http://www.shin-yo-sha.co.jp/

　　印　　刷　星野精版印刷
　　製　　本　積信堂

＊表示価格は消費税を含みません。